즐거운 학교생활을 위한

개별 차원의 긍정적 행동지원

-서식 가이드-

신윤희 · 박경옥 · 이유정 공저

학지사

이 저서는 2022년 대한민국 교육부와 한국연구재단의 지원을 받아 수행됨
(NRF-2022S1A5C2A07091326)

머리말

때는 2023년 봄 학기였고, 현장의 교사들과 함께 학생의 행동문제와 행동지원 경험에 대해 이야기를 나눌 기회가 많았습니다. 그 과정에서 대부분의 현장교사는 행동지원을 실행하는 데 많은 어려움과 고민이 있음을 알게 되었습니다. 선생님들은 학생들의 행동을 지원하고 싶지만 '어떻게 해야 할지 모르겠다'고 토로하고 있었습니다. 학급 내 학생들의 행동문제를 해결하기 위해 여러 자료를 모아 보고자 했으나 이 중 어떤 것부터 시작해야 하는지 난감했다는 선생님들의 호소를 아이디어로 받아들여 이 책의 출판을 결심하게 되었습니다. 그동안 현장과 연구에서 많이 활용되었던 수많은 서식자료를 모아 선생님들이 쉽게 사용할 수 있도록 활용 방법을 설명하고 사례를 보여 준다면 선생님들의 답답함이 해소되지 않을까 하는 생각을 하게 되었습니다.

학교 현장에 행동지원이 적극적으로 추진된 배경에는 교육부(2012, 2017, 2021)에서 발표한 '특수교육발전 5개년 계획'이 그대로 반영되어 있습니다. 제4차 특수교육발전 5개년 계획(2013~2017년)에는 특수교육대상자의 인권 보호 및 인권침해 예방을 위한 교육지원을 강화하였고, 제5차 특수교육발전 5개년 계획(2018~2022년)에는 특수교육대상자 문제행동에 대한 효율적 대처에 필요한 치료지원전담팀 운영으로 한 발 더 나아갔으며, 최근 발표된 제6차 특수교육발전 5개년 계획(2023~2027년)에는 개별 맞춤형 특수교육지원의 일환으로 심각한 행동문제에 대한 집중 지원을 위해 특수학교(급) 교사의 행동중재역량 강화 및 행동중재전문단을 구성하도록 하고 있습니다. 이처럼 국가는 학생들을 성공적 독립과 삶의 질을 향상시켜 나갈 수 있도록 든든하게 지지해 주고 있습니다.

긍정적 행동지원은 1차 예방인 보편적 지원과 2차 예방인 소그룹지원(표적집단지원), 3차 예방인 개별지원으로 구분되고 있지만 그중에서 선생님들께 가장 시급하고

도 어려운 부분이 3차 예방인 개별지원에 대한 간절함이 있다는 것도 알게 되었습니다. 이에 이 책은 긍정적 행동지원의 3차 예방인 개별화지원의 절차에 따라 제1장에서는 학생의 기초정보를 모으고, 제2장에서는 표적행동을 선정하는 과정을 다루었습니다. 제3장에서는 자료수집을 통해 행동을 관찰하고 측정하는 방법을 설명하였고, 제4장에서는 행동의 이유를 맥락적으로 파악하는 과정인 기능분석을 설명하였으며, 제5장에서는 기능이 애매한 경우 가설을 설정 및 검증하는 기능분석 과정을, 제6장에서는 기능평가를 통해 얻은 정보를 활용하여 다요소 중재 전략을 수립하고 중재과정을 기록하는 것을 설명하였습니다. 마지막 제7장에서는 종결 보고를 통해 전 과정이 요약될 수 있도록 구성하였습니다.

이 책에서 저자들은 아이디어 회의를 통해 각 서식들을 어떻게 활용할 수 있는지 구체적인 설명과 함께 예시를 작성하였습니다. 그 과정에서 학교 선생님들에게 다양한 예시와 서식을 보여 드리기 위해 노력하였고, 불필요한 정보수집과 서식들은 수정이나 제외하기도 하였습니다. 그러나 보다 더 간편하고 효율적인 서식을 고안해 보아도 좋았을 텐데 하는 마음과 더 깊이 숙고하지 못하고 저작한 점 또한 아쉽기도 합니다. 이를 보완하고자 출판사와 협력하여 학지사 홈페이지에 접속해서 pdf 파일로 다운로드하면 독자들이 자신의 스타일에 맞게 서식을 활용할 수 있도록 하였습니다. 학교마다 문화와 환경이 다르므로 보다 더 현장에 맞는 서식으로 거듭날 것이라는 기대도 있습니다. 또한 이 책을 통해 현장교사뿐 아니라 예비교사들에게도 긍정적 행동지원 중 개별화지원에 대한 개념과 절차를 익히는 데 도움이 될 수 있기를 바랍니다.

그동안 이 책이 나오기까지 행동지원을 위해 발간된 선행자료들을 찾고 고생해 주신 대구대학교 특수교육·재활과학연구소의 윤주연 연구교수님과 제1장 기초정보의 초안을 작성해 준 이은학교의 이지윤 선생님, 사례의 표와 그래프를 정리해 준 대구대학교 특수교육전공 석사과정생 김규희 선생님을 비롯하여 보이지 않는 수고를 해 준 많은 분에게 감사의 마음을 전합니다. 특히 도전적 행동을 하는 학생들을 어떻게 지원해야 할지 오늘도 현장에서 묵묵히 고민하고 계실 선생님들에게 감사의 마음과 함께 이 책이 미약하지만 작은 등불이 되기를 바라는 마음입니다. 또한 이 책이 출판되도록 허락해 주신 학지사 김진환 사장님을 비롯하여 책을 예쁘고 가독성 있게 만들어 주신 편집부에도 감사를 드립니다. 이 책이 앞으로 저자인 저희들에게도 현장의 요구를 담아내기 위한 첫 시작점이길 바랍니다.

2025년

저자 일동

도전적 행동에 대해

수업방해를 포함한 학생의 공격행동이나 자해행동 등의 여러 행동이 기존에는 문제행동(problem behavior)이라고 불렸으나 최근에는 도전적 행동(challenging behavior)이라는 용어를 사용하고 있다. 문제행동이라는 용어는 행동에 대한 책임을 학생에게 전가하거나 문제행동의 '문제'라는 용어가 학생과 관련된 사람들에게 학생의 이미지를 부정적으로 인식하게 한다. 그러나 도전적 행동이라는 용어는 장애학생의 문제행동을 지원할 때 개인의 행동에만 초점을 두기보다는 서비스를 제공하는 환경에 초점을 두기 위해 도입된 개념이다. 여기서 언급하고 있는 '도전'은 전문가가 지닌 권위에 도전한다는 의미가 아니라 서비스를 제공하는 양육자나 교사 등에게 도전적 행동을 하는 학생 행동의 원인이나 의미를 이해하고, 효과적인 중재방법이나 개별적 대응방법을 찾는 과정이 '도전적'이라는 데서 유래하고 있다(Blunden & Allen, 1987[1]; King's Fund Centre for Health Services Development, 1987[2]). 따라서 도전적 행동은 학생을 포함한 서비스 체제에서의 관련인들과 함께 해결해야 하는 과제이다.

학생의 도전적 행동의 양상은 행동의 양태와 강도가 상당히 다양하게 나타날 수 있다. 그러나 일반적으로 가장 시급하고 우선 서비스를 제공해야 하는 상황에서 도전적 행동은 대개 '자신 혹은 타인에게 해를 끼치는 위험한 행동, 자신의 안전 또는 타인의 안전을 위협하는 행동, 심각하게 물건을 파손하는 행동으로 나타나며, 또는 그 행동의 빈도, 강도, 기간의 측면에서 지역사회에서 살아가는 데 심각한 제약을 주거

1) Blunden, R., & Allen, D. (1987). *Facing the Challenge: An Ordinary Life for People with Learning Difficulties and Challenging Behavior.* Kings Fund.

2) King's Fund Centre for Health Services Development (1987). *Facing the Challenge: An Ordinary Life for People with Learning Difficulties and Challenging Behavior.* King's Fund Centre for Health Services Development(King Edward's Hospital Fund for London).

나 접근을 불가능하게 하는 행동'으로 언급된다(Emerson et al., 1988[3]).

따라서 이 책에서도 문제행동이라는 용어가 아닌 '도전적 행동'이라는 용어를 사용하였으며, 도전적 행동이 여러 개인 경우 가장 시급하고 먼저 중재되어야 하는 도전적 행동 하나를 표적행동(target behavior)으로 선정하여 그 행동의 기능을 파악하고 이에 대한 중재 계획을 수립하고 시행할 수 있도록 구성하였다.

3) Emerson, E., Cummings, R., Barrett, S., Hughes, H., McCool, C., & Toogood, A. (1988). Challenging behaviour and community services 2. Who are the people who challenge services? *Journal of the British Institute of Mental Handicap(APEX), 16*(1), 16–19.

긍정적 행동지원의 개별지원(Tier 3)에 대해

응용행동분석원리(Applied Behavior Analysis: ABA)에 근거한 행동중재는 인간의 모든 행동을 대상으로 새로운 행동을 형성하거나, 바람직하지 않은 행동을 감소시키거나 바람직한 행동을 증진하기 위한 학습원리와 기법들을 학생의 개별행동에 초점을 맞추어 체계적으로 적용하는 것이다. 긍정적 행동지원(Positive Behavior Support: PBS)은 학교 전체 구성원을 대상으로 학교시스템 안에서 학생들의 바람직한 행동 변화를 가져올 수 있도록 체계적·긍정적·예방적 접근을 하는 증거기반의 중재를 제공하는 행동지원 체계이다. 긍정적 행동지원은 모든 학생을 위한 것으로, 최소한의 행동적 지원요구를 가진 학생부터 매우 집중적이고 개별화된 행동지원을 필요로 하는 학생에 이르기까지 모든 학생을 지원할 수 있는 다층적 행동 예방 모형이다. 그중 집중적이고 개별화된 행동지원을 요구하는 고위험 행동을 지닌 학생들에게 전문적이고 개별적 중재를 제공하는 Tier 3는, 특히 학생에게 발생할 수 있는 정서·행동적 문제를 예방-교수-강화의 원리에 맞춰 효과가 입증된 여러 가지 요소를 중재(다요소 중재)에 사용하여 지속가능한 친사회적 행동으로 변화를 끌어내 학교 구성원 모두의 안전과 성장을 위해 실시한다.

긍정적 행동지원 중 개별지원의 절차는 학생의 기초정보를 수집하고, 가장 시급하거나 심각하거나 혹은 자주 일어나는 행동을 우선순위로 표적행동을 선정하며, 이를 측정해 기초선으로 한다. 그다음 표적행동이 왜 일어나는지에 대해 기능평가를 하고 기능이 애매한 경우 기능분석을 하고 이에 따라 경쟁행동 모델에 근거하여 중재 계획을 수립한다. 중재 계획은 앞서 언급한 예방-교수-강화의 원리에 따라 배경 및 선행사건 중재-수정된 교수법을 적용한 대체행동 중재-차별강화를 이용한 적절한 행동에 대한 강화와 부적절한 행동에 대한 소거 혹은 부적절한 행동을 가로막고, 대체행동을 교수하여 행동을 강화하는 방법을 계획한다. 중재를 시행할 때는 기초선과 같은 방법으로 표적행동 변화에 대한 자료를 연속적으로 수집하면서 중재한다. 이는 추후 중재방법이 효과적인가에 대한 질문의 대답이 되는 자료가 된다. 마지막으로 중재결과보고서에서는 전체 과정을 요약하여 부모 및 동료교사, 혹은 관련인에게 보고하는 과정으로 이 책을 구성하였다.

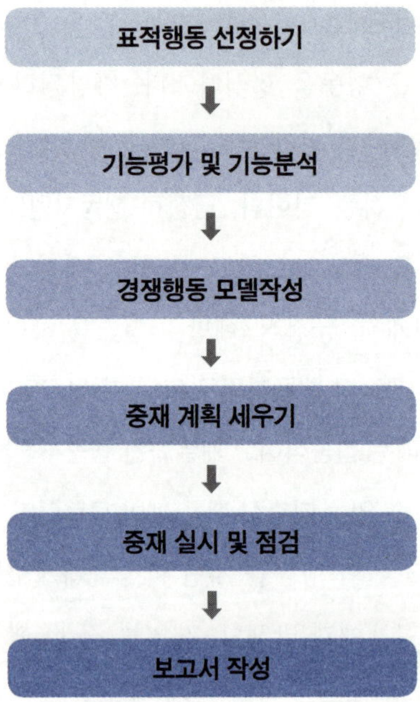

차례

제 1 장

기초자료

서식 1-1. 학생 기초정보를 살펴보자.

기초자료는 학생의 특성뿐 아니라 학생의 가족, 그리고 학급정보를 통해 학생의 현재 수준을 친밀감을 통해 알아내고 관찰된 내용을 적는 것이며, 관련하여 학생 주변에 대한 인적정보와 환경정보를 알아내는 것이다. 이는 추후 도전적 행동을 예방하는 데 있어 가족의 협력과 학급환경에서의 환경적 수정을 이끄는 데 주요한 자료가 된다.

서식 1-1의 학생 기초정보와 함께 서식 1-2의 학급정보, 서식 1-3의 학생의 도전적 행동 관련 정보를 함께 조사하여 고려한다면 다양한 관점에서 학생을 이해할 수 있다. 이를 토대로 학생의 도전적 행동에 밀접하게 영향을 미치는 맥락과 상황을 이해할 수 있어 도전적 행동중재 계획을 효과적으로 수립할 수 있게 된다.

학생의 기초정보는 학생의 생육사 및 행동 특성에 대한 기초적인 정보를 수립하는 것으로, 학생의 행동중재를 위해 매우 중요하다. 우선 학생의 이름, 소속, 생년월일, 성별, 장애 유형과 정도, 보호자와 그의 연락처를 적는다. 담임교사의 이름과 그 외 교과 담당 교사의 이름을 함께 적는다. 학생의 행동에 대한 전반적인 이해를 위해 건강 관련 정보와 강점 및 약점을 적는다. 학생의 현행수준은 언어/인지·학습, 사회/정서 영역, 신체/감각 영역, 일상생활 영역으로 구분하여 구체적으로 작성한다.

- 언어 영역에는 수용, 표현언어 및 사회적 의사소통 능력이 어느 정도의 발달적 특징을 지니고 있는지를 작성한다. 의사소통 수단 선택, 요구사항 표현, 상황에 맞는 의사소통 등을 포함하고, 특별히 의사소통의 문제에서 비롯되는 행동적인 문제가 있다면 상세하게 기록하는 것이 바람직하다.
- 인지·학습 영역에는 학교나 기관에서 활동하는 데 필요한 기초적인 주의집중력, 시지각 공간 인지 능력, 문해 능력 및 셈하기 등 기초학습 문제를 해결하는 역량을 평가하여 작성한다. 필요한 경우, 표준화된 검사 도구를 활용하여 결과를 산출할 수 있고, 또는 자작 검사 등을 통해 기초적인 역량을 평가할 수 있다.
- 사회/정서 영역에는 학생이 학교 및 가정, 그리고 지역사회에서 활동하면서 사회

적으로 적응하고 있는 사회적 상호작용 및 정서적 표현 등의 내용을 작성한다. 예를 들어, 학교에서의 규칙 준수, 집단 활동, 공공장소에서의 행동, 친구와의 상호작용 등을 포함하고, 다른 사람들과의 관계 속에서 표현되는 정서적인 반응 중 평균의 범위를 벗어나는 경우가 있다면 이에 대한 특징적인 사항을 작성한다.

- 신체/감각 영역에는 시력, 청력을 비롯하여 운동능력, 건강 등이 학교생활 및 다양한 교육 활동에 참여하는 데 미치는 영향이나 어려움, 그리고 특별한 지원이 필요한 경우 특징적인 내용을 선택하여 기록한다.
- 일상생활 영역은 자립생활 및 독립성을 길러 주는 데 필요로 하거나 스스로 하지 않으면 다른 누군가의 도움이 필요한 필수적인 영역이다. 식사기술, 개인 위생관리 및 손 씻기, 용변처리, 착탈의, 몸단장 기술 등의 영역이 포함된다. 중도 장애학생의 경우 기본적인 자기 관리 기술이 부족한 경우가 많아 특별하게 관찰 및 면담 등을 통해 정보를 수집하는 것이 필요하다. 또한 관찰을 통해 학생의 행동을 이해하는 데 필요한 현행수준 및 특징적인 정보를 추가 서술하여 확인할 수 있게 작성한다.

〈표 1-1〉 학생 기초정보 작성 예시

<table>
<tr><th colspan="4">학생 기초정보</th></tr>
<tr><td>학생명(나이)</td><td>홍길동(만 16세)</td><td>소속</td><td>별나라특수학교</td></tr>
<tr><td>생년월일</td><td>2008년 3월 10일</td><td>성별</td><td>■ 남 □ 여</td></tr>
<tr><td>장애 유형</td><td>지적장애</td><td>장애 정도</td><td>심한 장애</td></tr>
<tr><td>보호자</td><td>홍대감</td><td>보호자 연락처</td><td>010-1234-5678</td></tr>
<tr><td rowspan="3">담임교사</td><td rowspan="3">이름: 이순신</td><td rowspan="3">담임교사 외
(과목) 이름</td><td>(체육과) 강감찬</td></tr>
<tr><td>(특수교육실무원) 신사임당</td></tr>
<tr><td>(사회복무요원) 김유신</td></tr>
</table>

<table>
<tr><td rowspan="3">건강 관련 정보</td><td colspan="2">건강 상태</td><td>■ 양호
□ 허약</td></tr>
<tr><td colspan="2">동반 질병 여부</td><td>□ 유(질병명:)
■ 무</td></tr>
<tr><td colspan="2">약물치료 여부</td><td>■ 복용(복용약: 불안 및 분노조절 약 복용)
□ 미복용</td></tr>
<tr><td rowspan="2">강점 및 약점</td><td>강점</td><td colspan="2">평소에 밝고 잘 웃는 긍정적인 학생임. 주변 사람들과의 친밀감을 표현하는 데 망설임이 없으며, 예뻐해 주는 사람들에게 잘 안기며 사회적 관계 맺는 데 특별한 재능을 보임</td></tr>
<tr><td>약점</td><td colspan="2">친숙하지 않은 사람들이 있는 장소에서는 매우 긴장도가 높아지고, 성공하지 못할 것 같으면 과제 참여를 거부하며 소리를 지름. 과제를 할 때고 자신이 좋아하는 선생님과 하려는 고집을 부리기도 함</td></tr>
<tr><td colspan="4">현행수준</td></tr>
<tr><td>언어 영역</td><td colspan="3">억양이나 어투가 조금 부자연스러움
자신의 생각이나 의견을 구체적으로 말하는 것을 어려워함
상대방의 말을 듣고 지시 따르기는 이해할 수 있으나 복잡한 이야기는 이해가 어려움
개별이 아닌 그룹 상황에서는 집중하여 듣지 못하는 경우가 많음
2어문을 구사하며 상황이나 맥락에 맞게 이야기하지 못하고 단순한 표현인 '이거 주세요' 혹은 '이거 싫어요'의 요구나 선호에 대한 표현이 가능한 수준임</td></tr>
<tr><td>인지 · 학습 영역</td><td colspan="3">삼원색을 포함한 10가지의 색깔은 구분할 수 있으며, 단어 변별은 가능하나 한 문장을 읽고 쓰는 것은 어려워함
숫자의 경우 덧셈과 뺄셈은 가능하나 곱셈을 어려워함
단순한 기억은 잘하지만, 추론이나 이해가 있어야 하는 복잡한 개념은 어려워함</td></tr>
<tr><td>사회/정서 영역</td><td colspan="3">성격이 밝고 온순하며, 주위의 상황을 잘 파악하여 행동함
불안 · 강박 성향이 있어 자기지시 및 확인이 지나친 수준임
상대방의 말을 듣기보다는 자기 생각이나 해야 할 일은 지나치게 큰 소리로 끊임없이 이야기할 때가 있음</td></tr>
<tr><td>신체/감각 영역</td><td colspan="3">독립적인 보행은 어려우며, 바닥에 앉을 때 W자의 자세로 두 자리를 벌리고 두 다리 사이에 양팔을 뻗어 지지하고 앉음
외사시를 지니고 있으나 그림을 보는 데는 어려움이 없음
청력은 정상범주임</td></tr>
</table>

	영역	지원정도			구체적인 현행수준 설명
		독립 수행 가능	전반적 도움 필요	부분적 도움 필요	
일상 생활 영역	식사	○			스스로 식사할 수 있으나 편식이 심함(시금치와 당근은 먹지 않음)
	개인 위생	○ (양치질–전동칫솔)	○ (세수하기)		손목 관절의 구축으로 인해 혼자 칫솔질하기는 어렵지만, 전동칫솔을 사용할 때 스스로 이를 닦을 수 있음. 세수하기는 성인의 신체적 도움이 부분적으로 필요함
	배변		○ (뒤처리 확인)		변기를 사용하여 용변을 해결하며 대변을 본 후에 뒤처리를 잘 했는지 성인의 도움이 필요하기도 하고, 확인해야 함
	착·탈의		○		종종 옷을 거꾸로 입는 실수가 발생할 수 있어 앞이 어디인지 확인하는 과정이 필요함
	기타 ( )				없음

서식 1-2. 학급정보를 살펴보자.

학생들은 여러 환경체계 안에 있으며, 학생들의 발달은 자연스러운 인적·물적 환경과의 상호작용을 통해 이루어진다. 학급은 학생에게 가정 다음으로 많은 시간을 보내는 환경으로, 학생의 발달은 물론 생활 전반에 영향을 미치는 주요한 활동 공간이다. 따라서 학생이 하루에 6시간 체류하며 활동하는 학급의 물리적·사회적 환경을 파악하는 것은 학생의 정서와 행동을 이해하는 데 많은 도움이 된다. 따라서 이러한 정보는 학생의 적절한 행동을 형성하고 도전적 행동을 예방할 수 있는 주요한 자료가 된다.

- **학급정보**에는 학생의 도전적 행동과 관련한 의뢰 사유를 작성한 후, 학급 내 물리적 환경 및 좌석 배치도와 학급 내 일주일 일과표, 보조인력 배치 등 학급과 관련된 전반적인 내용을 작성한다. 이러한 물리적 환경은 사회적 환경에도 영향을 미칠 수 있으므로, 여러 날에 걸쳐 관찰한 결과를 기록하는 것이 바람직하다. 또한 학생이 학급에서 또래나 지원인력, 그리고 학급의 교사나 교과 담당 교사와의 상호작용 등의 적응 여부와 또래 관계 특이사항 등이 포착된다면 이를 예시로 하여 작성하면 학생의 행동을 이해하는 데 도움이 된다.
- **의뢰 사유**는 현재 담당교사가 파악할 때, 중재가 필요한 사유를 적는 것으로 추상적이고 개념적인 내용이 아닌 구체적이고 관찰 가능한 상황으로 적는다. 예를 들어, 학생이 습관적으로 짜증을 많이 내어서 다른 학생들에게 방해가 된다기보다는, 학생이 낯선 사람이 있는 경우 소리를 지르거나 우는 등의 짜증을 내는 행동을 나타내어 다른 학생들이 수업에 집중하기가 어려워 이에 대한 적절한 감정 표현을 가르치기 위해 의뢰함과 같이 가능한 한 상세하게 적는 것이 좋다.
- **학급 내 환경 및 좌석 배치도**는 칠판, 교탁, 출입문 등 각급 환경을 그린 후 학급 구성원들의 자리 배치와 의뢰 대상 학생의 자리를 함께 표시한다. 학급의 구조도 및 학생의 위치를 파악함으로써 학생의 위치에서의 물리적인 환경과 교사나 또래들과의 물리, 사회적 거리 등을 확인할 수 있고, 학생이 활동하는 데 참여를 방

해하는 요인이나 행동문제를 유발하는 요인은 없는지 파악할 수 있다.

- 학급 내 일주일 일과표는 등하교 시간, 수업 시간, 쉬는 시간 등 학교 상황을 고려하여 시간을 적는다. 과목명을 적은 후 담임교사가 수업하는 시간은 한눈에 파악할 수 있게 색을 입혀 표시한다.
- 보조인력 배치는 특수교육실무사, 사회복무요원 등 학급에 배치되어 학생의 학습 및 생활을 지원해 주는 보조인력의 수를 적고, 해당 사항이 없다면 '없음'에 표시한다.
- 학급에서의 적응 여부는 의뢰 대상 학생이 학급에서 보이는 모습 중 특별히 어려운 상황이나 사람들이 있으면 상세하게 작성한다. 어떠한 상황에서 학생이 어떤 행동을 하였는지 전후 상황을 자세하게 기록하도록 한다.
- 또래 관계 특이사항은 같은 학급에 배치된 학생들과의 모습에 대해 적는다. 친하게 지내는 친구의 행동을 따라 하거나 한 학생에게 집착하는 등 다른 학생에게 영향을 받는 상황과 행동을 함께 기록한다.

〈표 1-2〉 학급정보 예시

<table>
<tr><th colspan="2">학급정보</th></tr>
<tr><td>의뢰 사유</td><td>학생이 낯선 사람이 있는 경우 소리를 지르거나 우는 등의 짜증내는 행동을 나타내어 다른 학생들이 수업에 집중하기가 어려워 이에 대한 적절한 감정표현을 가르치기 위해 의뢰함</td></tr>
<tr><td>학급 내 환경 및 좌석 배치도</td><td>※ 학급 내 환경 및 좌석 배치도(학생 표시)를 그려 주세요.

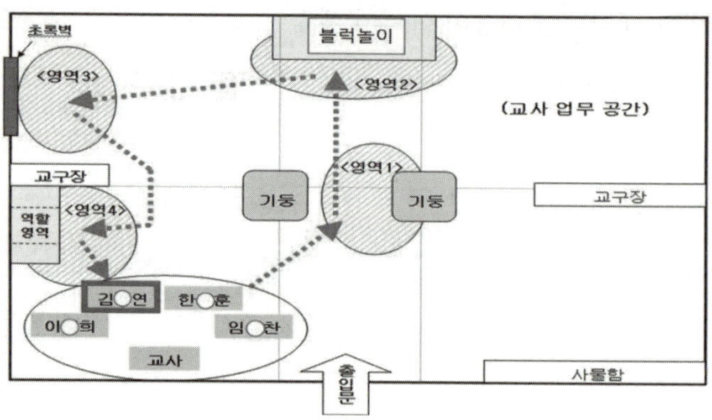
</td></tr>
</table>

<table>
<tr><td>학급 내
일주일
일과표</td><td>
<table>
<tr><th>시간</th><th>월</th><th>화</th><th>수</th><th>목</th><th>금</th></tr>
<tr><td>08:30~09:00</td><td colspan="5"></td></tr>
<tr><td>09:00~09:40</td><td>국어</td><td>국어</td><td>체육</td><td>사회</td><td>자율</td></tr>
<tr><td>09:50~10:30</td><td>사회</td><td>자율</td><td>체육</td><td>수학</td><td>과학</td></tr>
<tr><td>10:40~11:20</td><td>자율</td><td>체육</td><td>자율</td><td>수학</td><td>국어</td></tr>
<tr><td>11:30~12:10</td><td>국어</td><td>체육</td><td>자율</td><td>사회</td><td>사회</td></tr>
<tr><td>12:10~13:10</td><td colspan="5">점심식사</td></tr>
<tr><td>13:10~13:50</td><td>자율</td><td>국어</td><td>수학</td><td>국어</td><td>국어</td></tr>
<tr><td>14:00~14:40</td><td></td><td>국어</td><td></td><td>체육</td><td></td></tr>
<tr><td>14:50~15:30</td><td></td><td></td><td></td><td>수학</td><td></td></tr>
</table>
※ 담임교사 담당 시간은 파란색으로 표기함</td></tr>
<tr><td>보조인력
배치</td><td>■ 있음(사회복무요원 1명) □ 없음</td></tr>
<tr><td>학급에서의
적응 여부</td><td>▶ 학생의 학급에서의 적응
대체로 잘 적응하며 또래들과의 상호작용도 빈번하고 긍정적이지만 교과수업 중에 다소 어려운 과제나 새로운 과제를 제시하거나 학생에게 신체적 활동을 요구하면 상대방을 향해 과제로 제시된 학습지와 교구를 밀어 던지며 계속 큰 소리로 운다.</td></tr>
<tr><td rowspan="2">또래 관계
특이사항</td><td>▶ 또래 관계에 대해 적어 주세요.
친한 친구와는 구어보다는 표정이나 소리를 산출하여 주고받는 상호작용을 잘하지만, 또래의 친구 김○수(남)에게는 유난하게 밀어내거나 오지 말라는 몸짓을 표현함</td></tr>
<tr><td>친구 김○수(남)에게 가지고 놀던 인형을 던지며 가까이 오지 말라고 큰 소리를 지름. 이에 김○수(남)도 자기 손에 들려 있던 블록을 친구를 향해 던지거나 같이 소리를 지름</td></tr>
</table>

서식 1-3. 학생의 도전적 행동 관련 정보를 살펴보자.

학생의 도전적 행동은 크게 외현적 행동과 내재적 행동으로 구분하는 경우가 많다. 외현적 행동은 공격행동, 방해행동, 상동행동, 성적 행동이 있고, 내재적 행동은 불안, 우울, 위축 행동으로 나누어 볼 수 있다. 학생의 도전적 행동을 관찰한 후 해당하는 행동을 찾아보고 각각의 행동유형을 나누어 세세하게 적는다.

- 공격행동은 신체, 언어, 직접, 간접 공격행동으로 분류할 수 있으며 그중 신체적·직접적 공격행동은 육체적·정신적 소모와 갈등을 초래한다. 여기서 학생의 공격행동은 다른 학생이나 어른 등 사람을 대상으로 공격행동을 했을 때는 타해행동, 자신에게 공격행동을 했을 때는 자해행동, 물건을 대상으로 공격행동을 했을 때는 기물파손, 언어를 매개로 하여 공격행동을 하였을 때는 언어공격행동으로 행동유형을 구분하여 기록한다. 본 서식 매뉴얼에서는 공격행동을 주로 3개 카테고리의 19가지 행동으로 구분하여 작성하고 있다.

구분		
신체적 공격행동	• 타인을 때리기 • 타인에게 물건(사물)을 던지기 • 타인을 꼬집거나 할퀴기 • 타인이나 사물(책상, 의자 등) 밀기 • 타인의 물건(사물) 뺏기	• 타인을 신체로 치거나 차기 • 타인의 신체 일부를 이(치아)로 물기 • 타인의 옷이나 신체를 잡아당기기 • 타인의 신체(목, 팔 등)를 조르기
언어적 공격행동	• 소리 지르기 • 욕설 및 비속어 사용하기 • 위협하기	• 침 뱉기 • 다투기(이르기) • 빈정대기
자해행동	• 자신의 신체 일부(머리, 얼굴 등)를 때리기 • 자신의 신체 일부를 이(치아)로 뜯거나 물기	• 자신의 신체 일부(머리, 얼굴 등)를 박기(찧기, 부딪히기)

출처: 윤주연 , 류구태, 김하늘, 성예현(2023). 공격행동 관련 단일대상연구 동향 분석: 국내 문헌을 중심으로. 지적장애연구, 25(1), 181-210.

- **방해행동**은 즉각적으로 자신 또는 다른 사람을 해롭게 하지는 않지만, 지속되면 학습과 긍정적 상호작용에 악영향을 주는 행동이다. 방해행동의 행동유형은 반항·저항, 규칙 위반, 자리이탈, 학교 이탈, 소리 지르기, 울고 떼쓰기, 이동 거부로 구분하여 기록한다.
- **상동행동**은 개인적 즐거움과 강한 감각 피드백 등을 주는 반복적인 움직임 및 음성 행동을 포함한 자기자극 행동이라 할 수 있다. 상동행동은 신체 행동, 언어 행동(반향어, 혼잣말)으로 구분하여 기록한다.
- **성적 행동**은 성적 쾌락을 목적으로 하는 행동으로, 성 관련 지식이나 습득력의 부족으로 인해 나타날 수 있다. 성적 행동은 자위행위, 노출, 또래와 성 문제, 타인의 신체접촉으로 구분하여 기록한다.
- **불안행동**은 분리에 대한 극도의 반응, 사회적 회피, 일반화된 걱정과 같이 뚜렷하고 지속적인 불안의 형태를 보이는 행동을 말한다. 이와 관련된 불안, 우울, 위축 행동들에 대해 기록한다.

Tip!

학생을 관찰한 후 행동유형에 따라 문제의 심각성, 형태, 강도/정도, 지속시간, 빈도를 기록하되, 그 **행동이 발생한 장소**를 함께 적는다. 관련 상세 내용은 제3장 '자료수집'을 확인하자. 모든 부분을 작성하는 것이 아니라 작성자가 학생의 행동을 관찰하였을 때 관찰된 부분만을 사실적으로 서술한다. 교사의 해석이나 감정을 함께 작성하지 않도록 한다. 혹시 맥락 정보를 포함하여 교사의 견해를 적고자 한다면 기타란에는 추가적인 정보를 함께 적을 수 있다. 중요한 것은, 다른 교사가 보고한 행동을 적지 않고 학생의 도전적 행동중재를 하게 될 작성자인 **자신이 관찰한 행동만**을 적는다.

- 학생을 관찰한 후 행동유형에 따라 문제의 심각성을 낮음, 보통, 심각 3수준으로 구분하여 적는다. 심각 정도를 기록하기 전에 어떤 기준으로 3수준을 구분하여 기록할 것인지를 미리 논의하여 정한 다음에 관찰하는 것이 좋다.
- **표적행동**은 관찰 가능하고 측정 가능한 행동으로 서술한다. 학생의 내적인 상태를 표현하기보다는 외현적으로 드러나도록 기록하여 행동의 발생 유무를 확인

할 수 있도록 작성하는 것이 도움이 된다. 관찰할 수 있다는 것은 행동이 발생했을 때 행동이 일어나고 있다는 것을 눈으로 볼 수 있다(또는 들을 수 있다)는 것이고, 측정할 수 있다는 것은 행동의 빈도수, 지속시간, 또는 다른 차원으로 수량화할 수 있다는 것을 의미한다. 예를 들어, '생각한다'는 표현보다는 '말한다'로, '알고 있다'라는 표현보다는 '교사의 질문에 대답한다'로 적는다.

Tip!

다음은 표적행동을 작성할 때 관찰 가능한 행동과 관찰 가능하지 않은 행동의 예를 보여 주고 있다. 제시된 예시와 같이 표적행동을 작성할 때는 관찰 가능하고 측정 가능한 행동이 좋으며, '어떻게 행동하지 않는다'는 것과 같은 부정적인 표현보다는 '어떻게 행동한다'와 같이 긍정적인 표현으로 작성한다.

관찰/측정 가능한 행동의 예	관찰/측정이 곤란한 행동의 예
• 영희는 식사시간에 음식을 먹기 위해 젓가락을 사용한다. • 순철이는 화가 날 때 휴식을 요청한다. • 남수는 집에 가기 전에 학교 과제를 모두 마친다. • 주연이는 자유놀이 시간에 다른 아동들과 장난감을 나눠 가진다. • 경인이는 하루 한 시간 동안 피아노 연습한다. • 병수는 생일날 선물을 받고 "감사합니다." 라고 말한다. • 규희는 집에서 다른 사람의 앞을 지나갈 때 "미안합니다."라고 말한다. • 혜주는 길을 건너기 전에 길 양쪽을 모두 살핀다. • 은주는 학교에서 집단 활동하는 동안 차례를 기다린다.	• 경인이는 수학시간에 말 잘 듣는 아동이 된다. • 주연이는 식사시간에 예의 바르게 행동한다. • 규희는 운동장에서 잘 협력한다. • 혜주는 화가 났을 때 어떤 행동을 하기 전에 먼저 생각한다. • 경수는 해야 할 학교 과제를 기억한다. • 지연이는 자유놀이 시간에 다른 아동들에게 잘한다. • 민옥이는 피아노 연습하는 동안 열중한다. • 남수는 "감사합니다."라는 말의 중요성을 이해한다. • 지혜는 다른 아이들과 적절하게 어울리는 행동을 한다. • 은주는 길을 건널 때 조심한다. • 석희는 집단놀이를 하는 동안 다른 아동들과 잘 어울린다.

출처: Zirpoli, T. J. (2017). 통합교육을 위한 행동관리의 실제(제7판). 류재연, 임경원, 김은경, 이병혁, 박경옥 역. 시그마프레스.

• 빈도는 같은 행동이 반복되는 수를 기록한다. 이때 1시간이나 하루 24시간 등 관찰시간의 기준을 함께 기록하고 관찰된 행동의 수를 기록한다. 예를 들어, 3회/40분, 3회/1시간 등이다.

- 강도는 행동의 세기를 측정한다. 수업 시간 중 이야기하는 행동의 형태를 예로 들었을 때, 강도는 혼자 중얼거리는 것과 활동을 방해할 정도로 크게 말하는 것을 강도로 표현할 수 있다. 이 또한 관찰하기 전에 말하는 소리의 수준을 정하고 정한 기준에 근거하여 강도를 기록한다. 특히 어디에서 행동이 이루어졌는가도 매우 중요한데, 운동장에서 큰 소리로 말하는 것은 문제가 되지 않지만, 교실에서 큰 소리로 말해 수업을 방해하는 경우라면 문제가 될 수 있다는 점을 고려할 필요가 있다.
- 지속시간은 사전에 정의한 대상 학생의 행동이 지속된 시간을 기록한다. 행동이 여러 번 반복되었을 경우 평균을 산출하여 시간을 작성하며 빈도와 함께 단위를 작성한다.
- 장소에 따라 나타나는 행동의 유형과 정도가 달라질 수 있다. 따라서 행동을 관찰할 때는 학생의 도전적 행동이 발생하는 장소를 함께 기록하는 것이 맥락을 이해하는 데 도움이 된다.

〈표 1-3〉 학생의 도전적 행동 관련 정보 예시

구분	행동유형	형태 (표적행동)	문제의 심각성			강도/정도	지속시간	빈도	발생장소
			① 낮음	② 보통	③ 심각				
공격행동	타해행동	친구 밀치기 (주변의 친구들과 타 학급의 학생들을 툭툭 건드림)	–	–	✓	상대방이 넘어짐 (심함)	–	5회/40분	체육관
	자해행동	머리 때리기	–	–	✓	멍이나 혹이 날 정도 (심함)	제지하지 않을 경우 12분/회	3회/40분	교실, 복도, 버스 안
	기물파손	의자 던지기	–	–	✓	교사를 향해 던짐 (심함)	원하는 것을 해 줄 때까지 10분/회	5회/40분	교실 안 (국어시간)

	언어공격	–	–	–	–	–	–	–	–
방해행동	반항 · 저항	–	–	–	–	–	–	–	–
	규칙위반	–	–	–	–	–	–	–	–
	자리이탈	수업 중 자리에서 일어남	–	✓	–	–	10초	5회/40분	교실 안 (국어시간)
	학교이탈	일과시간 중 학교이탈	–	–	✓	교문 앞까지 (중간)	화장실 갔다 그대로 교출	2회/연	학교 앞 편의점
	소리 지르기	소리를 지름	–	✓	–	교사의 제지로 잠깐 소리를 약하게 함	3분 이상임	4회/40분	강당 (체육시간)
	울고 떼쓰기	–	–	–	–	–	–	–	–
	이동거부	종일반으로 이동 시 바닥에 주저앉음	–	✓	–	바닥에 앉아 소리를 지름(심함)	3분 이상임	4회/10분	복도 이동 시(종일반 이동 중)
상동행동	신체행동	–	–	–	–	–	–	–	–
	언어행동 (반향어, 혼잣말)	–	–	–	–	–	–	–	–
성적행동	자위행위	–	–	–	–	–	–	–	–
	노출	–	–	–	–	–	–	–	–
	또래와 성 문제	–	–	–	–	–	–	–	–
	타인의 신체 접촉	–	–	–	–	–	–	–	–
불안, 우울, 위축 행동		–	–	–	–	–	–	–	–
기타 (　　)		–	–	–	–	–	–	–	–

※ 위 사례는 작성의 예시를 보이기 위해 가상으로 작성됨.

제 2 장

표적행동 정하기

표적행동은 어떤 행동을 관찰, 측정, 사정, 수정하려고 표적으로 삼은 행동이다. 교육의 결과로 학생이 학습해야 하거나 증가시켜야 하거나 감소시켜 나가야 할 필요가 있는 행동으로 정의할 수 있다. 표적행동은 목표행동과 그 의미에 따라 혼용되어 사용되곤 한다. 표적행동이 가르치거나 수정되기를 바라는 행동이라면 목표행동은 성취되었을 때 도착점의 학생 행동으로 정의할 수 있다. 본 저서에서는 표적행동을 도전적 행동 중에서 가장 우선적이고 시급하게 감소시켜야 하는 행동으로 정의하며, 목표행동은 표적행동을 대체하는 증가시켜야 하는 적절한 행동으로 정의한다.

Tip!

행동중재를 위해 우리는 표적행동, 목표행동, 도착점행동 등의 용어를 사용하곤 한다. 각각의 용어를 정의하면 다음과 같다.

- **표적행동**(target behavior): 어떤 행동을 관찰, 측정, 사정 수정하려고 표적으로 삼은 행동을 의미한다. 즉, 행동이 수정되기를 바라며 감소시켜야 하는 행동을 의미한다.

표적행동의 예: 선우는 화가 날 때 교사의 허락을 구하지도 않고 벌떡 일어서서 선 채로 발을 바닥에 쿵쿵거리며 머리를 세게 좌우로 흔드는 행동을 한다.

- **목표행동**(behavioral objective): 행동변화 프로그램을 마쳤을 때 기대되는 행동, 현재 행동과는 다른, 새로운 또는 수정된 행동을 의미한다.
- **도착점행동**(terminal behavior): 중재를 마친 후에 학생이 행할 행동이다. 목표행동이 성취되었을 때의 학생 행동으로 정의할 수 있다.

도착점행동의 예: 교사가 자리에서 일어나도 좋다는 허락이 있을 때까지 정우는 연속 3회의 수학시간 40분 내내 자신의 자리에 앉아 있다.

출처: Zirpoli, T. J. (2017). 통합교육을 위한 행동관리의 실제(제7판). 류재연, 임경원, 김은경, 이병혁, 박경옥 역. 시그마프레스.

표적행동의 선정은 사회적 중요성에 따라 이루어져야 한다. 표적행동 선정의 사회적 중요성에 관한 질문은 다음과 같다.

Tip!

표적행동 선정의 사회적 중요성

- 중재 후에 이 행동이 대상자의 자연적인 환경에서 강화를 받을 수 있는가?
- 복잡하고 기능적인 기술의 습득을 위해 이 행동이 필수적인 선행기술인가?
- 이 행동이 중요한 학습 환경의 접근을 증가시키는가?
- 이 행동의 변화로 인해 다른 사람들이 대상자에게 더 적절한 방식으로 상호작용을 하게 될 수 있는가?
- 이 행동이 새로운 행동 발달을 위해 효율적으로 사용될 것인가?
- 이 행동이 대상자의 연령에 적절한 행동인가?
- 행동을 감소시키거나 제거하고자 한다면 이 행동을 대체할 적응적이고 기능적인 행동이 선택되었는가?
- 이 행동이 실제의 문제/목표인가? 간접적으로 관련된 것인가?
- 실제로 관심 대상의 행동인가 그냥 말만 그럴 뿐인가?
- 목적이 구체적인 행동이 아닌가, 이 행동이 그 목적을 달성하도록 도울 것인가?

표적행동은 관찰할 수 있고 측정할 수 있어야 의미가 있다. 대상 학생의 표적행동을 정했을 때 이를 관찰하여 수량화하는 것은 학생과 연관된 사람들 사이에 표적행동이 어떻게 얼마나 발생하는지에 대한 의사소통을 원활하게 해 주며, 행동지원 당시의 학생 행동 수준을 파악하는 데 도움을 준다. 또한 행동에 대해 적절한 중재를 하고 그 행동 변화의 진전도나 중재의 효과성을 판단하는 데 도움을 주며 이에 관한 결과를 바탕으로 중재의 성공 여부를 판단할 수 있게 된다.

Tip!

표적행동 정의 기준

- 행동의 발생 빈도나 행동하는 시간 길이를 잴 수 있는가?
- 발생하는 행동을 실제로 볼 수 있는가?
- 표적행동을 더 구체적이고 관찰 가능한 작은 요소로 나눌 수 있는가?

행동은 선행사건–행동–후속결과로 이루어진 세 가지 요인이 유관적으로 작동하는 행동으로 정의한다. 인간에게 보이는 행동의 목적 또는 기능은 크게 무언인가를 얻으려고 하거나(획득이나 관심, 감각추구), 무엇인가를 피하기 위한 것(회피)으로 나눌 수 있다. 행동 뒤에 나타나는 후속결과(강화)가 뒤따라오기 때문이다. 이러한 작동 행동에 학습이 이루어져 행동의 양상이 반복되는 패턴으로 나타날 수 있다.

중재자가 가르칠 목표행동이 중재 상황에서뿐만 아니라 다른 상황에서도 충분히 강화가 이루어져야 한다. 목표행동으로 선정된 행동이 다른 행동을 배우기 위한 필수적인 선행기술이 되어야 하며, 이러한 행동의 습득이 대상자의 환경에서도 긍정적인 영향을 받을 수 있는 행동이어야 한다. 사회적 중요성을 고려할 때 주의해야 할 점은 목표행동이 대상자의 연령에 적절한 행동인지 충분히 고려해야 한다.

도전적 행동 중재에서 행동의 감소나 소거를 표적행동으로 정했다면 반드시 이를 대신할 대체행동 중재를 진행해야 한다. 문제행동의 감소나 제거를 목적으로 중재가 진행될 때 학생이 대체행동을 배우지 못한다면 중재가 끝난 후 같은 문제 상황에서 자신이 기존에 습득했던 도전적 행동을 다시 사용하게 될 수 있다. 따라서 중재가 끝난 후에도 도전적 행동이 아닌 대체행동을 지속해서 사용할 수 있도록 지원하는 것이 중요하다.

서식 2-1. 표적행동 우선순위 평가척도를 살펴보자.

학생의 도전적 행동들은 다양하게 나타날 수 있는데, 이 과정에서 교사는 표적행동 우선순위 평가척도를 통해 상대 순위를 고려한다. 우선적으로 시급하게 일어나는 행동부터 정할 수 있으며, 이는 중재 계획을 세울 시에도 도움이 된다. 만약 여러 도전적 행동들을 한꺼번에 중재하려고 하면 교사가 일관성을 잃어버리기 쉽고 학생의 입장에서는 어떤 행동에 노력을 더 많이 집중해야 하는지 어려워할 수 있다. 따라서 마치 운동할 때 코어를 강화하여 몸의 근육을 높이듯이 도전적 행동도 표적행동을 선정하여 집중적 지원할 때 학생이 중추적 기술을 배우게 되어 다른 도전적 행동들도 완화되는 경향을 보이게 된다.

표적행동 선정 시 사회적 중요성과 우선순위를 잘 고려하여 정해야 하며, 대상자 행동의 변화가 그의 삶과 환경 속에서 어떠한 영향을 끼칠 것인지를 항상 상기해야 한다. 서식 2-1의 표적행동 우선순위 평가척도와 함께 서식 2-2의 산점도, 서식 2-3의 사회적 타당도를 함께 살펴보면 대상 학생의 표적행동을 알아보는 데 도움이 될 수 있다.

중재가 필요한 행동의 우선순위를 결정할 때 적용할 준거는 다음과 같다.

Tip!

중재가 필요한 행동의 우선순위 결정 시 적용 준거

- 본인이나 타인에게 해를 가할 위험한 행동인가?
- 행동이 얼마나 자주 발생하는가?
- 행동이 얼마나 지속되고 있는가?
- 행동의 변화로 빈번한 강화와 학습의 기회를 받게 될 것인가?
- 행동의 습득이 추후 기술의 발달 및 독립적 기능 기술의 발달과 관련되어 있는가?
- 행동의 변화로 타인의 부정적 반응을 감소시킬 수 있는가?
- 습득한 행동이 가족이나 중요한 인물에게 강화를 받을 수 있는가?

- 행동이 얼마나 성공적으로 변화할 수 있는가?
- 이러한 행동 변화에 비용이 얼마나 들 것인가?

출처: Cooper, J. O., Heron, T. E., & Heward, W. L. (2010). 응용행동분석(상). 정경미, 김혜진, 양유진, 양소정, 장현숙, 신나영 역. 시그마프레스.

우선 표적행동란에는 학생이 일상생활에서 보이는 도전적 행동을 나열한다. 그 후 학생 이름과 작성자, 작성 일자를 적는다.

나열한 표적행동을 각각 우선순위의 기준에 따라 0점에서 4점까지 해당하는 점수를 표시한다. 이를 토대로 합계 점수를 계산하고 그 합을 비교하여 표적행동들의 상대순위를 확인한다.

총점이 가장 높은 행동을 가장 먼저 지원할 표적행동으로 선정한다. 만약 상대순위가 같은 경우에는 중재자와 관련인들의 협의를 통해 중재가 더 시급하다고 생각하는 행동을 결정할 수 있다. 의사결정 시 다음의 사항을 고려하는 것이 바람직하다. 첫째, 건강 또는 안전에 위협되는 행동, 둘째, 산점도에서 빈번하게 관찰되는 행동, 셋째, 사회적 타당도를 고려하여 표적행동을 결정할 수 있다.

〈표 2-1〉 표적행동 우선순위 평가척도 예시

<table>
<tr><th rowspan="2">표적행동</th><th>A 행동</th><th>B 행동</th><th>C 행동</th><th>D 행동</th></tr>
<tr><td>타해(할퀴기)</td><td>자해(손톱 주변 뜯어내기)</td><td>자리이탈</td><td>–</td></tr>
<tr><th>학생명</th><td colspan="2">홍길동</td><th rowspan="2">작성 일자</th><td rowspan="2">2024. 4. 10.</td></tr>
<tr><th>작성자</th><td colspan="2">이순신</td></tr>
<tr><th>작성 기준</th><td colspan="4">해당 점수에 ✓ 표시한다. 항목별로 부여한 점수의 총점이 가장 높은 도전적 행동이 우선순위가 높은 행동이므로 가장 우선하여 중재 계획을 수립한다.
⓪=(절대) 그렇지 않다, ①=거의 그렇지 않다, ②=가끔 그렇다
③=자주 그렇다, ④=항상/매우 그렇다</td></tr>
</table>

번호	우선순위의 기준	표적행동 목록																			
		행동 A					행동 B					행동 C					행동 D				
1	이 도전적 행동은 학생 자신이나 타인에게 위험한 것인가?	0	1	2	3	**4**	0	1	**2**	3	4	**0**	1	2	3	4	0	1	2	3	4
2	이 도전적 행동은 얼마나 자주 발생하는가?(더 자주 활용되고 더 자주 발생하는 행동은 높은 점수를 준다.)	0	1	**2**	3	4	0	1	**2**	3	4	0	1	**2**	3	4	0	1	2	3	4
3	이 도전적 행동은 얼마나 오래 지속되어 왔는가?(더 오래 지속된 행동에 대해 높은 점수를 준다.)	0	1	2	**3**	4	0	1	2	3	**4**	0	1	**2**	3	4	0	1	2	3	4
4	이 행동이 개선되면 학생에게 더 많은 강화와 학습의 기회가 제공될 것인가?	0	1	2	3	**4**	0	**1**	2	3	4	0	1	2	3	**4**	0	1	2	3	4
5	이 행동의 개선은 앞으로 학생의 행동 발달과 독립적 기능의 증진에 중요한 것인가?(중요성이 클수록 높은 점수를 준다.)	0	1	2	3	**4**	0	1	**2**	3	4	0	1	2	**3**	4	0	1	2	3	4
6	이 행동이 개선되면 타인으로부터 불필요한 부정적 관심을 줄일 수 있는가?	0	1	2	3	**4**	0	1	2	**3**	4	0	1	2	3	**4**	0	1	2	3	4
7	이 행동이 개선되면 학생의 생활 환경에 존재하는 중요한 인물들에게 기쁨과 보람이 될 것인가?	0	1	**2**	3	4	0	1	2	**3**	4	0	1	2	3	**4**	0	1	2	3	4
8	이 행동이 개선되면 학생을 성공적으로 변화시킬 가능성이 큰가?	0	1	2	**3**	4	0	1	2	**3**	4	0	1	2	**3**	4	0	1	2	3	4
9	이 행동지원에 얼마나 많은 경제적 비용이 들 것인가?	0	1	2	3	**4**	0	1	2	3	**4**	**0**	1	2	3	4	0	1	2	3	4
합계		30					24					22									
상대적 우선순위		1					2					3									

출처: Cooper, J. O., Heron, T. E., & Heward, W. L. (2010). 응용행동분석(상). 정경미, 김혜진, 양유진, 양소정, 장현숙, 신나영 역. 시그마프레스. 해당 문헌에서 발췌 후 수정함.

서식 2-2. 산점도를 살펴보자.

산점도는 학생의 문제행동이 가장 빈번하게 발생하는 시간을 찾기 쉽게 돕는다. 서식 2-1에서 도출된 표적행동의 우선순위를 고려하여 서식 2-2 산점도를 체크한다. 산점도는 행동과 시간이라는 두 변수 간의 관계를 분석하고 데이터의 분포를 시각화하는 데 사용되는 서식이다.

가로에는 날짜를, 세로에는 시간이나 일과 명을 나열하여 가로, 세로 교차하는 칸에 행동 발생 유무를 기록한다. 산점도는 도전적 행동이 자주 일어나는 시간과 그렇지 않은 시간을 시각적으로 구분하여 볼 수 있도록 구성된 직접 관찰 방법이다. 데이터 간의 관계를 확인하고 싶을 때 자주 활용하는 시각화 차트로, 2개의 수치형 변수 간 관계를 표현할 때 사용한다. 따라서 산점도는 차트 영역에 점이 분포한 형태를 보고 데이터 간의 관계를 파악할 수 있다.

우선순위에 따른 대상 학생의 표적행동을 하나만 적은 후 표적행동의 발생 시간대에 표시하면 행동의 발생 시간대를 한눈에 파악하는 데 도움이 된다. 다음의 예시에서 볼 수 있는 바와 같이, 학생이 보이는 '두 손의 손톱을 세워 다른 사람을 얼굴이나 팔을 할퀴는 행동'은 주로 쉬는 시간에 빈번하게 나타나는 것을 알 수 있다. 이처럼 학생의 표적행동이 어느 시간대에 주로 나타나는지를 측정할 때 행동이 발생하는 상황에 관한 일화 관찰 기록을 하면 전후 맥락에 대한 정보를 얻을 수 있어 학생 행동을 이해하는 데 도움이 된다.

산점도를 사용하면 특정 시간대에 일어나는 행동의 패턴을 알 수 있고, 행동이 나타나는 시간 패턴을 파악하여 추후 기능평가를 할 때 활용할 수 있다.

Tip!

- 산점도는 기초선 데이터로 활용하기보단 참고데이터로 활용하는 것이 바람직하다.
- 산점도는 두 가지 또는 그 이상의 요인(행동, 시간, 일과) 간의 서로 영향을 주고받는 관계라는 의미이지 원인과 결과로 해석되는 관계를 맺고 있는 것은 아니다. 따라서 상관관계가 있다는 것이 원인과 결과를 나타내는 것은 아니니 다른 변수나 요인을 함께 살펴봐야 한다.
- 산점도는 기초선을 측정하거나 중재시간을 고려할 때 분포의 집중도를 보기 위해 사용되기도 하지만, 서식 4-2의 간편 행동관찰 기록지를 활용하는 경우 추후 행동 발생을 합산하여 분포를 보기 위해 사용되기도 한다.

〈표 2-2〉 산점도 예시

표적행동		학급의 친구 또는 특수교육실무원의 안경을 벗기는 행동									
※ 문제행동 발생 시간대에 ✓ 표시해 주세요.											
일정 / 날짜		3/11	3/12	3/13	3/14	3/15	/	/	/	/	/
시간	일과(시간표)										
09:00~ 09:40	1교시		///		///						
쉬는 시간		///// //		/////		////					
09:50~ 10:30	2교시		//		/						
쉬는 시간		////	////	///	/////	///					
10:40~ 11:20	3교시			/	/						
쉬는 시간											
11:30~ 12:10	4교시	///	/			/					
12:10~ 13:10	점심시간	///// ///	////	////	///	///// ///					
13:10~ 13:50	5교시										

<table>
<tr><td colspan="2">쉬는 시간</td><td>////</td><td>/////
///</td><td>///</td><td>///</td><td>/////
/</td><td></td><td></td><td></td><td></td><td></td></tr>
<tr><td>14:00~
14:40</td><td>6교시</td><td></td><td>//</td><td>/</td><td></td><td></td><td></td><td></td><td></td><td></td><td></td></tr>
<tr><td colspan="2">쉬는 시간</td><td>///</td><td>////</td><td></td><td>/////</td><td></td><td></td><td></td><td></td><td></td><td></td></tr>
<tr><td>14:50~
15:30</td><td>7교시</td><td></td><td></td><td></td><td></td><td>/</td><td></td><td></td><td></td><td></td><td></td></tr>
</table>

서식 2-3. 사회적 타당도를 살펴보자.

사회적 타당도는 중재한 다음 목표행동 변화에 대한 다른 사람들의 인식이나 주관적 평가를 수집하는 간접적인 진단 방식이다. 사회적 타당도는 면담이나 간단한 질문지를 활용하여 중재를 시작, 진행, 마무리할 때 목표행동의 개선이나 학생 삶의 질 향상에 대해 학생 삶의 중요한 사람들(예: 부모, 서비스제공자, 교사, 주변의 함께 사는 사람들 등)을 대상으로 주관적인 평가를 하여 중재 과정 및 중재의 성과를 평가하곤 한다. 중재자의 만족도도 중요하지만 행동중재 대상자인 학생 행동의 변화를 가족이나 주변인들이 체감할 수 있어야 중재의 의미가 있다고 판단할 수 있기 때문에 중재의 사회적 수용도를 평가할 목적으로 사용된다.

행동중재 계획 및 실행의 결과에 대한 사회적 타당도의 측정은 학생의 삶에 중요한 사람들에게 학생 행동이 정말 개선되었다고 판단하는지, 그러한 행동변화에 만족하는지를 알 수 있게 해 준다. 그리고 행동중재 과정에 설정한 목표행동에 변화가 있었는가 하는 점과 행동 변화를 위해서 사용되는 중재방법이 수용 가능했는지 정도를 파악하는 데 도움이 된다.

사회적 타당도는 행동중재의 과정이 대상 학생의 주변 사람들에게 필요하다고 생각되는 기술인지 고려하는 것이기 때문에 이를 확인하여 중재를 계획하고 적용해야 한다. 예시를 참고하여 대상 학생의 표적행동을 적고 각각의 문항에 점수를 매겨 총점을 측정한다.

〈표 2-3〉 사회적 타당도 예시

표적행동	두 손의 손톱을 세워 다른 사람을 얼굴이나 팔을 할퀴는 행동					
번호	문항	전혀 아님	거의 아님	보통임	대부분 그러함	매우 그러함
1	이 중재를 통해 학생의 행동이 주변 사람들로부터 강화(칭찬)를 받을 수 있는가?	0	1	2	3	✓
2	이 중재는 학생이 수업이나 다양한 교육 활동에 참여하는 데 필요한가?	0	1	2	✓	4
3	이 중재가 학생의 행동을 개선할 목적 또는 기능적인 기술습득을 위해 필요한가?	0	1	2	3	✓
4	이 중재로 개선된 행동이 학교 내 구성원 간 더욱 적절하고 지지적인 상호작용하는 데 도움이 되는가?	0	1	2	3	✓
5	이 중재는 학생 행동 변화에 중추적이거나 필수적인가?	0	1	2	✓	4
6	이 중재는 발달수준(나이)에 적합한가?	0	1	2	3	✓
7	이 중재로 학생의 도전적 행동이 감소/제거되고 이를 대체할 적응적이고 기능적인 행동이 있는가?	0	1	2	3	✓
8	이 중재가 실제 도전적 행동을 감소시키거나 목표행동을 향상하는 데 적합했는가?	0	1	2	3	✓
9	이 중재는 실제 가능한 중재인가?	0	1	2	3	✓
10	이 중재를 다른 사람들에게도 추천하겠는가?	0	1	2	3	✓
점수		38/40				

제 3 장

자료수집

자료수집은 학생이 보이는 표적행동과 관련된 정보를 수집하고, 문제행동의 이유를 이해하고, 문제행동을 일으키고 유지하는 환경적 조건을 정확하게 식별하는 데 필요한 과정이다. 따라서 기초선, 중재, 유지나 일반화 과정에서 학생의 행동 변화를 확인하기 위해 필요하고 행동중재의 객관성과 과학적 접근을 하기 위해 중요하다.

학생의 행동중재를 계획하고 있다면 중재를 통해 표적행동에 대한 증가 또는 감소의 변화, 그리고 바람직한 행동으로의 변화를 평가하기 위해 양적, 질적인 자료를 기반으로 중재의 효과를 평가해야 한다.

자료수집은 행동중재를 위해 학생의 행동 특성이 어떠한지, 그 행동은 언제, 어디서, 어떤 방식으로 나타나는지, 행동 전후에 발생한 사건 등에 대한 서술적 정보와 동시에 얼마나 빈번하게 발생하는지, 얼마나 긴 시간 동안 행하는지 등과 같이 정량화하여 데이터의 변화를 측정할 수 있다.

또한 자료수집은 중재 시작 전, 중재 중, 중재 후에 발생하는 학생의 행동 변화를 측정하며, 이는 행동중재 시 기초선, 중재, 일반화, 유지의 모든 단계에서 필요하다.

이 장에서는 기초선 및 중재 과정에서 학생의 도전적 행동에 대한 질적, 양적 자료수집을 위한 관찰과 면접, 그리고 행동 발생의 빈도, 지속시간, 강도, 지연시간 등 행동의 차원에서 자료를 수집하여 기록하는 방법을 상세하게 살펴보고자 한다.

Tip!

행동중재 과정에서 자료를 수집할 때는 다음과 같이 표적행동에 대한 조작적 정의가 명확하게 제시되어야 한다. 표적행동에 대한 조작적 정의가 설정되었다면 표적행동에 대한 기초선을 측정하기 위해서 다음의 사항을 확인한다.

① 표적행동 확인하기
② 표적행동을 측정하고 관찰할 시간 정하기
③ 표적행동 관찰하기
④ 표적행동 자료수집하기
⑤ 자료 검토하기
⑥ 기초선 자료를 바탕으로 현행 수행수준 측정치에 근거를 둔 목표행동 세우기

서식 3-1-1. 일화 및 표본기록지 서식을 살펴보자.

일화기록은 학교생활 중에 특정 시간이나 장소를 제한하지 않고, 관찰자가 기록할 만하다고 판단되는 어떤 짧은 사건(일화)을 간결하게 기록하는 관찰이다. 표본기록은 관찰할 대상, 시간, 행동, 상황 등을 미리 정하여 관찰 기록하는 방법이다. 학생의 도전적 행동에 관한 중재 계획에 따라 일화기록으로 할지 또는 표본기록으로 할지를 선택할 수 있다. 서식을 살펴보면 학생명, 관찰자, 관찰일시, 관찰장소, 그리고 관찰 내용을 작성해야 한다.

- **일화기록**은 관찰자가 기록의 가치를 판단하여 사건이 일어난 일시와 장소를 자유롭게 작성할 수 있으나 일시와 장소를 반드시 기록해야 하는데, 이는 시공간적 맥락에 대한 정보를 바탕으로 학생의 행동을 이해하고자 함이다.
- **표본기록**은 관찰일시나 관찰장소는 사전 계획에 따라 작성해야 한다. 다만, 관찰 전에 왜 그 시간과 장소가 선정되었는지에 대한 사전 논의 후 상호이해가 바탕이 된 후에 진행하는 것이 바람직하다.
- **관찰일시**는 학생의 행동이 발생하기 시작한 시간부터 행동이 끝난 시간까지 교사가 관찰한 시간을 의미한다. 표본기록의 경우 사전에 정해진 시간을 작성한다.
- **관찰장소**는 행동이 발생하여 교사가 관찰했던 장소를 의미한다. 일화기록의 경우라면 학교 또는 학교 밖 장소라도 학생의 행동이 발생하여 관찰된 장소를 작성한다. 표본기록의 경우 사전에 정해진 관찰장소를 기록한다.
- **관찰내용**(일화기록)은 관찰한 행동의 유형, 행동이 일어나기 전과 후의 상황, 그리고 주변의 반응을 보고 들은 그대로를 작성한다. 이때 학생에게서 관찰된 학생의 행동에 영향을 줄 만한 컨디션, 수면, 약 복용 등에 대한 정보가 있다면 기록해 두는 것이 좋다. 이는 학생의 내적인 상태가 학생이 보인 도전적 행동과 관계가 있을 수 있다는 참고 자료로 활용할 수 있기 때문이다. 하지만 이러한 개인 내적인 상황이 반드시 행동문제의 원인이 되는 것은 아닐 수 있으므로 미루어 짐작하거나 해석하여 기록하지 않도록 유의해야 한다.

〈표 3-1〉 일화기록 및 표본기록지 예시

일화기록 및 표본기록 간략 설명 • 일화기록: 학교생활 속에서 교육적인 목표가 있거나 기록할 만한 가치가 있다고 판단되는 행동을 하나의 일화에 맞추어 간결한 형태로 기록하는 관찰 방법 • 표본기록: 관찰대상, 시간, 행동, 상황을 미리 선정(표본)하여 기록하는 관찰 방법			
학생명	홍길동(남, 만 ○○세)	관찰자	교사 성춘향
관찰일시	표적행동으로 선정한 시간대만 작성 20○○. ○○. ○○. ○○:○○~○○:○○	관찰장소	자유시간 놀이공간
관찰내용 (일화기록)	• 어떤 행동이 일어났는가?(행동) • 그 행동이 일어나기 바로 전 상황은?(선행사건)		
관찰내용 (일화기록)	• 학생이 그 행동을 하고 난 후의 주변의 반응은?(후속결과) • 학생의 컨디션, 수면, 약 복용 등 행동에 영향을 줄 내용이 있다면 기록하세요.(배경사건)		

출처: 양명희, 임유경(2014). 유아 행동 관찰 및 평가. 학지사. 해당 문헌의 내용을 일부 발췌하여 수정함.

• 일화기록을 보고 다음 ABC 분석으로 옮겨 적어도 좋다. 그 외 일화기록과 표본기록 보고의 예시를 각각 살펴보면 다음과 같다. 여러 양식 중 하나를 선택해서 사용해도 좋다.

〈표 3-2〉 일화기록을 작성한 예시

<table>
<tr><th>학생명</th><td>홍길동(남, 만 6세)</td><th>관찰자</th><td>교사 이순신</td></tr>
<tr><th>관찰일시</th><td>2024. 4. 30. 12:40~12:50</td><th>관찰장소</th><td>초등과정 급식실 및 화장실</td></tr>
<tr><th>관찰장면</th><td colspan="3">점심시간, 학급 학생들이 식당에서 점심을 먹고 있음. 식사가 끝난 학생들은 화장실에 다녀오거나, 교실 내에서 자유롭게 놀이하는 중</td></tr>
<tr><th>시간</th><th colspan="2">관찰 내용</th><th>비고 및 의견</th></tr>
<tr><td>12:40</td><td colspan="2">길동이 자신의 숟가락으로 식판을 두드린다. 이가은 교사에게 주의를 들은 길동은 숟가락으로 밥을 두 번 떠먹은 후, 쌓기 영역에서 종이 블록을 쌓고 있는 민지와 지훈이를 바라본다. 쌓기놀이 영역을 계속 응시하다 숟가락을 든 채 자리에서 일어난다. 이 교사는 "길동, 밥을 다 먹고 친구들과 노는 거예요."라고 이야기하며 식판이 올려진 책상으로 이끈다. 길동은 울상을 지으며 이 교사의 손을 잡고 책상으로 돌아와 앉는다. 길동은 다시 숟가락으로 점심을 떠먹는다.</td><td>숟가락만 사용하여 밥을 먹고, 밥을 먹다가도 놀이 현장으로 이동하려는 등 집중이 다소 분산되어 있다.</td></tr>
<tr><td>12:43</td><td colspan="2">점심을 다 먹은 길동은 자신의 식판을 앞쪽으로 밀어낸다. 국그릇을 식판의 반찬 위에 올려놓고 덮으려 하지만, 국 국물이 쏟아지자 콧바람을 내며 발을 구른다. 화장실을 가려 움직이던 민지가 길동에게 다가가 "그렇게 하면 안 돼."라고 이야기하며 국그릇을 잡는다. 길동은 민지의 손에 있는 국그릇을 빼앗아 자신이 다시 반찬 위에 덮는다. 민지는 얼굴이 빨개지면서 "이제 길동이 안 도와줄 거야!"라고 외치며 화장실에 들어간다. 뚜껑을 닫은 길동은 자신의 자리를 박차고 일어나 화장실에 간다고 말하고 나간다.</td><td>자발성 요구가 강하여 도움을 완강히 거부하거나 부정적인 말이 민감하게 반응한다. 언어적 의사 표현이 어려워 행동으로 표현하다 보니, 또래와의 관계에서 오해가 생기기도 한다는 점이 관찰됐다.</td></tr>
<tr><td>12:49</td><td colspan="2">길동이가 오른손으로 쥔 칫솔로 이를 닦으면서 물컵에 물을 받는다. 물컵에 물이 가득 차자, 물을 바닥에 부어 흘려보낸다. 길동이는 하수구로 들어가는 물줄기를 바라보다 다시 물컵에 물을 받는다.</td><td></td></tr>
</table>

출처: 양명희, 임유경(2014). 유아 행동 관찰 및 평가. 학지사. 해당 문헌의 내용을 일부 발췌하여 수정함.

〈표 3-3〉 표본기록을 작성한 예시

학생명	이도혁(남, 만 4세)	관찰자	교사 김유신
관찰일시	2023. 10. 30. 13:50~14:00	관찰장소	유치원 내 놀이터
관찰하고자 하는 행동	도혁이 자유놀이 시간에 또래의 관심을 가지기 위해 혹은 놀이상황에 합류하기 위해 시도하려는 행동		
관찰내용	지연이는 모래밭에서 지훈과 소꿉놀이를 하고 있었고, 도혁이는 쪼그려 앉아 화단 아래의 개미들을 바라보고 있었다. 소꿉놀이 방향을 바라보던 도혁이 다가가 주변을 서성거리나 지연이는 신경 쓰지 않고 소꿉놀이를 계속한다. 도혁이는 모래밭에서 모래를 판 뒤, 손으로 한 움큼 쥐어서 지연에게 뿌렸다. 지연이는 놀라서 눈을 깜빡이다 "모래 던지지 마!"라고 외친다. 지훈이가 도혁에게 다가가 "하지 마."라고 이야기하나, 도혁은 다시 모래를 손으로 파기 시작한다. 지연이는 "싫어!"라고 외치며 시소 방향으로 뛰어간다. 자신을 노려보는 지훈과 눈이 마주친 도혁이는 모래를 파는 행동을 멈추고 화단으로 돌아간다.		
	※ 학생의 컨디션, 수면, 약 복용 등 행동에 영향을 줄 내용이 있다면 기록하세요.		
	표현언어가 부족한 도혁은 이전부터 놀이에 합류하기 위하여 또래의 옷을 잡아당기거나 교구를 던지는 등의 행동을 종종 하였다. 일련의 행동들이 반복되면서 놀이 시간에 소외되는 상황을 이전에도 관찰한 바 있다.		

출처: 양명희, 임유경(2014). 유아 행동 관찰 및 평가. 학지사. 해당 문헌에서 발췌 후 재구성함.

Tip!

일화기록은 사건이 발생한 후에 기록하게 되므로 사건이 발생한 후 가능한 빠른 시간에 기록하는 것이 바람직하다. 또한 일화기록 시 관찰자의 주관적 해석이 개입되어서는 안 되며, 관찰자가 보고 들은 것만 객관적으로 기술해야 한다.

최근 음성인식기술 성능이 향상되어 개인 소유 스마트기기의 STT(Speech to Text) 기능을 활성화하여 행동 발생 즉시 기록하고 자료를 외부로 내보내 상황 발생 즉시 기록 관리하는 방법을 활용해 볼 수 있다.

〈표 3-4〉 표본기록지 예시

<table>
<tr><td colspan="4">일화기록 및 표본기록 간략 설명
• 일화기록: 학교생활 속에서 교육적인 목표가 있거나 기록할 만한 가치가 있다고 판단되는 행동을 하나의 일화에 맞추어 간결한 형태로 기록하는 관찰 방법
• 표본기록: 관찰대상, 시간, 행동, 상황을 미리 선정(표본)하여 기록하는 관찰방법</td></tr>
<tr><td>학생명</td><td>김지연(희망초등학교 2학년, 만 8세)</td><td>관찰자</td><td>김영광 교사</td></tr>
<tr><td>관찰일시</td><td>매주 월요일 1교시 국어시간(09:00~09:40)</td><td>관찰장소</td><td>교실</td></tr>
<tr><td>관찰하고자 하는 행동</td><td colspan="3">수업 중 교사가 학생에게 과제를 제시했을 때 김지연 학생의 행동</td></tr>
<tr><td>관찰장면</td><td colspan="3">교사가 국어 수업 시간에 과제를 제시했을 때 장면</td></tr>
<tr><td>시간</td><td colspan="3">관찰내용</td></tr>
<tr><td>09:11~09:15</td><td colspan="3">김 교사는 매주 월요일 1교시 국어 수업 시간에 내가 꾸민 책 만들기 수업을 진행하고 있다. 김 교사는 학생들에게 책 표지에 있는 동물을 살펴볼 수 있도록 표지를 제시하였다. “책 표지를 한번 볼까요?” 김 교사는 책 표지에 나와 있는 동물들을 하나하나 소개하였다. 김 교사가 지연이에게 과제를 제시하자 지연이는 소리를 질렀다. 김 교사는 지연이에게 “수업 시간에 소리를 지르지 않아요.”라고 말하였다. 지연이는 김 교사의 말이 끝나자 자리에서 일어나 교실 밖으로 나가 버렸다. 김 교사는 실무사에게 지연이를 데리고 오도록 요청하였다.</td></tr>
<tr><td>관찰자 의견</td><td colspan="3">지연이는 매주 월요일 1교시 국어 교과 시간에 자리를 이탈하는 행동을 한다. 지연이가 소리를 지르거나 교실 밖으로 나가는 행동은 김 교사가 제시하는 과제를 하기 싫어서 하는 행동으로 추측된다. 따라서 지연이가 국어 교과 시간에 소리를 지르거나 자리를 이탈하여 교실 밖으로 나가는 행동이 빈번하게 나타나고 있다. 지연이의 소리를 지르거나 자리를 이탈하여 교실 밖으로 나가는 행동의 기능과 원인을 알아보기 위해 면밀하게 선행사건, 행동, 후속결과로 나누어 관찰할 필요성이 있다.</td></tr>
</table>

출처: 양명희, 임유경(2014). 유아 행동 관찰 및 평가. 학지사. 해당 문헌의 내용을 일부 발췌하여 수정함.

서식 3-1-5. ABC 기록 서식을 살펴보자.

학생의 도전적 행동을 관찰하고 맥락적 정보를 얻기 위해 반드시 일화기록이나 표본기록으로 작성해야 하는 것은 아니다. 이미 작성된 일화기록을 ABC 기록을 재구성하여 작성해 볼 수 있다. 하지만 처음부터 ABC 기록으로 학생의 행동을 관찰 기록하고 분석할 수 있다. 특히 이미 행동관찰에 능숙하다면 일화기록이나 ABC 기록 중 편리한 방법을 선택하여 활용할 수 있다.

- ABC 기록은 학생의 도전적 행동을 기준으로 행동이 일어나기 전후의 사건을 상세하게 기록한다. 학생의 '행동(Behavior)'이 발생하기 바로 직전에 일어난 일을 '선행사건(Antecedents)'이라 하고 도전적 행동이 일어난 직후에 주변의 반응을 '후속결과(Consequences)'라 하고, 이를 편의상 ABC 기록이라 한다. 하지만 이 매뉴얼에서는 행동관찰을 단순히 ABC 기록으로 그치는 것이 아니라 선행사건 이전에 '배경사건'을 두었고, 후속결과 이후 '학생반응'을 살펴 기록하는 것까지를 포함하고 있다.
- '배경사건(setting event)'은 행동을 촉발하는 직접적인 원인 행동은 아니지만, 선행사건이나 즉각적인 환경적 사건이 바람직하지 않은 행동의 촉발요인으로 작용할 수 있게 영향을 미치는 간접적인 사건 또는 선행사건에 대한 반응 가치를 높여 행동 발생 가능성을 높여 주는 환경적 사건이나 상태를 일컫는다. 예를 들어, 학생의 도전적 행동 직전에 선행사건이 일어나지 않는 경우가 있다. 학교에 오기 전에 잠을 못 자고 왔다거나 변비로 고생하고 있다거나 또는 아침밥을 먹지 못하고 등교하여 심리·정서적으로 불편한 상태 또는 생리적인 측면도 도전적 행동을 촉발하는 원인 행위가 될 수 있다.
- 배경사건은 시간상으로 보았을 때 선행사건보다 앞서는 경우가 많고, 공간적으로도 바람직하지 않은 행동이 발생한 바로 그 장소가 아닌 경우가 많아서 종종 학생 행동의 원인이나 이유를 잘 알아차리지 못하는 경우가 있다. 따라서 학교의 교사는 가정이나 지역사회 기관과의 협력을 통해 배경사건에 해당하는 일에

대해 서로 논의하고 정보를 공유할 수 있도록 깊은 신뢰 관계를 형성하는 것이 중요하다.

- 학생반응은 학생이 어떤 행동을 하고 난 직후에 주변의 반응(예: 교사의 훈육이나 무시, 또는 강화 등)이 일어난 후에 학생이 어떻게 반응하는지에 해당한다. 이러한 학생 반응은 도전적 행동에 대한 교사의 특정 행동(예: 특정 행동의 강화, 철회, 또는 유지 등)의 유지 여부를 결정하는 데 도움이 된다.
- 일화기록은 학생 행동을 순서대로 객관적으로 기술하기 때문에 학생의 행동이나 사건의 전후 관계에 대한 정보를 얻을 수 있어 체계적이고 수량적 정보가 필요한 행동을 발견하는 데 유용하다. 기록된 관찰 일화기록 내용을 ABC 분석표에 나누어 작성해 볼 수 있다. 이렇게 일화기록 또는 표본기록을 ABC 분석으로 재기술을 하게 되면 행동이 일어난 원인과 후속적인 처치를 확인하는 데 유용한 정보를 알 수 있다.

〈표 3-5〉 앞의 일화기록을 ABC 분석으로 작성한 예시

	배경사건	선행사건(문제행동 예측사건)	문제행동	행동을 유지시키는 후속결과	학생반응
ABC 분석	급식 반찬에 싫어하는 반찬이 나온 이후 지시에 거부하고 또래와의 상호작용에 비협조적 태도를 보임	시소를 타고 있는 아린 곁으로 현빈이 다가감	현빈이 소리치며 아린이를 밀치고, 시소에서 내려온 아린이에게 "저리 가. 싫어."라고 말함	아린이가 울면서 교사에게 뛰어가 상황을 이야기함	현빈이가 다가와 아린이가 양보하지 않았다고 반박함

일화기록 또는 표본기록 서식에 작성 내용을 ABC 분석의 구성요소로 매칭시켜 보면 다음과 같다.

일화기록	ABC 분석
어떤 행동이 일어났는가?	행동(Behaviors)
그 행동이 일어나기 바로 전 상황은?	선행사건(Antecedents)
학생이 그 행동을 하고 난 직후 주변의 반응은?	후속결과(Consequences)
학생의 컨디션, 수면, 약 복용 등 행동에 영향을 줄 내용이 있다면 기록하세요.	배경사건(setting event)
학생이 그 행동을 하고 난 후 주변의 반응에 대한 학생의 반응은?	학생 반응

- "어떤 행동이 일어났는가?"는 ABC 분석표의 '행동(B)'란에 내용을 작성한다. 학생이 어떤 행동을 했는지를 보고 들은 그대로를 작성하되, 2명 또는 3명의 학생이 서로 주고받은 이야기나 몸짓 등을 시간의 순서대로 작성하여 전체 상황을 보지 않은 사람들도 이해할 수 있도록 작성한다.
- "그 행동이 일어나기 바로 전 상황은?"은 '선행사건(A)'에 해당한다. 문제행동이 일어나기 직전에 벌어진 상황은 학생 문제행동의 직접적인 사건이 되는 경우가 많다. 이때 학생의 행동뿐만 아니라 상황 맥락에 대한 정보가 학생 행동을 이해하는 데 도움이 된다면 상황정보를 상세하게 작성하는 것이 좋은데, 상황정보는 특정 장소나 특정 사람, 특정 소리 등이 포함된다.
- "학생이 그 행동을 하고 난 직후 주변의 반응은?"은 '후속결과(C)'에 해당한다. 학생이 행동한 직후 누군가 반응한 내용을 기록한다. 특정 상황에서 학생이 어떤 행동(B)을 한 직후에 발생한 행동으로, 교사가 특정 행동을 유지할 것인지, 강화할 것인지, 아니면 처벌을 할 것인지를 결정하는 데 도움이 된다. 따라서 이 후속결과가 학생 행동이 유지(강화)되는 결과를 가져올 수 있으므로 행동이 발생한 직후 주변 상황 및 사람들의 반응을 기록하는 것은 중재 전략을 찾는 데 유용한 정보원으로 활용될 수 있다.
- 후속결과 이후 학생의 반응은 어떠한지 잘 관찰하여 기록하는 것이 필요하다. 앞서 설명한 바와 같이, 학생이 행한 행동에 대응하는 주변의 반응에 따라 학생은 자신의 행동을 그대로 유지할 것인지 또는 그만둘 것인지를 결정하게 된다. 또한, 동시에 학생의 행동 이후 주변 학생들의 행동을 이해하는 데 많은 도움이 되

며, 후속적인 중재 계획을 수립하는 데 중요한 정보원으로 작용하게 된다.

- "학생의 컨디션, 수면, 약 복용 등 행동에 영향을 줄 내용이 있다면 기록하세요."는 학생의 행동을 유발하는 '배경사건'에 해당한다. 배경사건은 문제행동 발생의 직접적인 원인은 아니지만, 그 행동이 나타날 만한 무대 역할을 할 수 있기에 유의하여 살필 필요가 있다. 컨디션, 수면, 약물 등이 그 역할을 할 수 있지만 시간, 장소, 사람, 활동이나 사건, 말이나 음의 높낮이(pitch)나 특정 어휘, 불빛의 강도나 유무, 기타 일과 중 특정 사건(예: 편식하는 음식이 먼저 제공되는 등)이나 환경의 변화 등이 배경요인으로 작용할 수 있다.

이상의 정보는 도전적 행동의 기능을 알고 이를 통해 배울 필요가 있는 대안적인 사회적 기술을 확인하고 학생 요구에 부응하여 환경적 조건을 확인하여 행동중재를 반영할 수 있으므로 정확하고 객관적으로 작성해야 한다.

본 저서에서는 그동안 표준으로 사용해 온 ABC 기록체계에 배경사건과 학생반응을 더 추가하여 학생의 표적행동 기능을 보다 효과적으로 분석할 수 있도록 보완하였다.

〈표 3-6〉 행동중재 프로파일 내 A-B-C 보고양식

학생명	강똘똘	관찰일시	2023. 5. 1.
관찰장소	교실	관찰자	강감찬 교사
상황	사회 교과 시간에 교사가 수업하고 있다.		

E=상황, T=교사, S=대상 학생, AT=보조교사, P=또래(다른 학생)

시간	선행사건		행동	후속결과		기능
10:15~ 10:25	E	학생들이 자리에 앉아 수업을 듣고 있다.	소리를 지르거나 책상을 넘어뜨리는 행동	E	교사는 학생의 행동을 보고 제지하려 다가간다.	관심
	S	자리에 앉아 교사의 행동을 쳐다본다.		S	교사가 다가가자 소리 지르는 것을 멈추고, 자리에서 일어나 교사를 안는다.	
	T	오늘의 수업 내용을 칠판에 쓰고 있다.		T	학생에게 다가가 소리 지르기, 책상 넘어뜨리는 행동에 대해 주의시키고, 제지한다.	

	P	자리에 앉아 있다.		P	학생과 교사를 쳐다본다.	
	AT	교사를 쳐다보고 있거나 학생들을 살피고 있다.		AT	학생에게 다가가 제지하려고 하고, 교사를 안고 있는 학생을 붙잡았다.	
14:10~ 14:25	E	사회 수업 시간의 내용을 학생들에게 설명하고 있다.	자신의 머리를 때리는 행동	E	교사는 자해하는 학생에게 다가가 신체적으로 제지하고 주의하라고 경고한다.	관심
	S	머리를 숙이고 두 손을 머리에 올리고 있다.		S	교사가 제지하자 머리를 3분 이상 때린 후 멈춘다.	
	T	수업의 내용을 설명하고 있다.		T	학생에게 다가가 때리는 행동을 못 하도록 신체적 제지와 주의를 준다.	
	P	교사를 쳐다보거나 자리에 앉아 교과서를 만지거나 또래를 보기도 한다.		P	교사와 학생들을 쳐다보는 대상 학생을 바라본다.	
	AT	교사를 쳐다보거나 학생들을 살피고 있다.		AT	대상 학생의 행동을 제지하려고 하고 다른 학생들을 살핀다.	

주요 선행사건 및/혹은 후속결과에 따른 요약
※ A-B-C 보고양식에 기록을 요약하세요.

배경사건	선행사건 (문제행동 예측사건)		문제행동		행동을 유지시키는 후속결과
오전 등교 전 집에서 부모님께 꾸중을 들음	교사와 또래, 실무사의 무관심	➡	소리 지르기, 책상 넘어뜨리기	➡	교사가 학생에게 다가가기, 제지하기(관심) 또래, 실무사가 교사와 학생의 행동을 쳐다보기(관심)
수도관 공사로 시끄러운 소리에 지난밤 잠을 잘 자지 못함	머리를 숙이고 두 손을 머리에 올린 후 손가락으로 머리를 두드리기	➡	자해행동	➡	교사의 제지에도 불구하고 3분 이상 머리를 정확하게 때린 후 멈추기(감각자극)

서식 3-2. 행동관찰측정표(빈도기록법)를 살펴보자.

사건기록법은 행동관찰 기간 동안 지속적으로 관찰되는 사건을 중심으로 기록하는 것이다. 학생의 행동을 관찰하고 측정할 때 학생 행동의 특성이 무엇인지, 그리고 그것을 어떻게 관찰하고 측정할 것인지가 중요하다. 표적행동이 확인되고 나면 행동의 빈도, 지속시간, 지연시간, 그리고 강도로 정의되는 행동에 관한 자료를 수집해야 한다.

〈표 3-7〉 사건기록법으로 수집 가능한 행동 데이터

자료 유형	정의	예시
빈도	행동의 발생 횟수	영수는 40분의 수업 시간 동안 자리이탈을 일곱 번 한다.
강도	행동의 세기, 에너지, 노력의 정도	영수는 머리카락이 한 움큼 뜯길 정도로 손으로 잡아 뜯는다.
지속시간	행동이 시작되면 그 행동이 얼마나 지속되는지, 또는 행동이 이루어질 때까지 소요된 시간의 양	영수는 평균 2분씩 소리를 지른다.
지연시간	선행사건으로부터 그에 따른 행동(반응)이 시작되는 시간까지 걸리는 시간	영수는 교사가 과제를 지시하였을 때 2분간 손톱을 물어뜯은 뒤 수행하였다.

출처: 양명희(2012). 행동수정이론에 기초한 행동지원. 학지사. pp. 95, 96, 114의 내용을 일부 발췌하여 수정함.

수집된 데이터는 중재 전과 중재 후의 데이터를 비교할 수 있는 정보를 제공하기 때문에 데이터 수집은 중재의 효과성 및 행동중재 계획의 수정 필요성을 판단하는 데 필요한 절차이다. 또한 수집된 데이터의 측정 방법은 중재 전과 중재 후에 같은 방법으로 측정되어야 한다. 이 장에서는 사건기록법 중 하나인 빈도기록법과 지속시간기록법을 다루고자 한다.

서식 3-2-1. 행동관찰측정표(빈도기록법)에 대해 살펴보자.

빈도기록법 서식에 있는 표적행동은 관찰 대상이 되는 행동의 조작적 정의를 작성하고, 구간란에는 중재 전의 기초선 구간인지, 중재 구간인지, 유지 구간인지, 일반화 구간인지 해당하는 구간을 작성한다. 날짜는 관찰한 날짜와 장소를 작성한다. 이때 장소는 학교, 교실과 같이 일반적인 특성으로 작성하기보다는 특정 교과목이나 해당 교사 등을 알 수 있는 정보를 포함하여 작성하는 것이 바람직하다. 관찰시간(분)은 학생의 행동을 관찰하기 시작한 시간부터 관찰을 마친 시간까지를 적고, 총 시량을 괄호 안에 작성하여 총 관찰시간을 확인할 수 있도록 한다.

〈표 3-8〉 빈도기록법 서식의 예시 일부

학생명	김민지(송림초등학교 2학년, 만 7세)
관찰자	이가은(실습교사)
관찰장소 및 상황	오전 등교 시간, 약 20명의 반 학우들이 오가며 소지품을 정리하거나 인사하는 등 전체적으로 어수선하고 시끌벅적한 분위기의 교실 및 복도 일대
표적행동의 조작적 정의	자해행동: 자기 머리를 때리는 모든 행동의 횟수(예: 머리를 주먹으로 때리기, 벽면을 머리로 치기 등)
관찰시간(분)	월요일~금요일 매 등교 시간 09:00~09:20(20분)

출처: 양명희(2012). 행동수정이론에 기초한 행동지원. 학지사. p. 123의 내용을 일부 발췌하여 수정함.

행동 발생 빈도는 정해진 측정 시간 동안에 일어난 행동의 수를 세어서 작성한다. 이때의 표적행동은 행동의 시작과 끝이 명확한 것이고 짧게 일어나는 행동이어야 빈도로 셀 수가 있다. 빈도를 측정할 때는 관찰시간을 일정하게 잡아야 한다. 예를 들어, 철수가 첫날 5회 분노 표출을 하고, 둘째 날에 10회의 분노 표출을 하였다고 가정한다면 양일에 걸친 행동의 빈도를 비교하기 위해서는 관찰한 시간의 양이 같아야 한다. 만약 관찰시간이 첫날은 30분, 둘째 날은 1시간인 경우, 5회/30분, 10회/60분과 같이 분당 비율로 환산하여 기록하는 것이 바람직하다.

〈표 3-9〉 빈도기록법 예시 ①

학생명	박수찬(송림초등학교 3학년, 만 8세)					
관찰자	이가은(실습교사)					
관찰장소 및 상황	오후 하교 시간, 약 20명의 반 학우들이 오가며 소지품을 정리하거나 인사하는 등 전체적으로 어수선하고 시끌벅적한 분위기의 교실 및 복도 일대					
표적행동	신체 일부나 주위 환경을 이용하여 자기 머리를 때리는 행동					
표적행동의 조작적 정의	자기 머리를 주먹으로 때리기, 벽면에 자기 머리를 치기					
날짜	시간	행동 발생 수	합계	관찰 시간	빈도/시간(분)	분당 빈도
4/2	15:00~15:20	✓✓✓✓✓✓✓✓✓✓ ✓✓	12	20분	12/20	0.6회
4/3	15:00~15:20	✓✓✓✓✓✓✓✓✓✓ ✓✓✓✓✓	15	20분	15/20	0.75회
4/4	15:00~15:20	✓✓✓✓✓✓✓✓✓✓ ✓✓✓✓✓✓	16	20분	16/20	0.8회
4/5	15:00~15:20	✓✓✓✓✓✓✓✓✓	9	20분	9/20	0.45회

출처: 양명희(2012). 행동수정이론에 기초한 행동지원. 학지사. p. 123의 내용을 일부 발췌하여 수정함.

〈표 3-10〉 빈도기록법 예시 ②: 관찰시간의 양이 같은 빈도기록

<table>
<tr><th>학생명</th><td colspan="6">김철수(송림초등학교 6학년, 만 12세)</td></tr>
<tr><th>관찰자</th><td colspan="6">이가은(실습교사)</td></tr>
<tr><th>관찰장소 및 상황</th><td colspan="6">과학 과목 수업 시작 전 쉬는 시간, 과학실로 이동하기 위해 반 학생들이 교과서를 찾거나 움직이는 상황</td></tr>
<tr><th>표적행동의 조작적 정의</th><td colspan="6">욕하기: 비속어로 소리치는 행동</td></tr>
<tr><th>시간(분)</th><th>날짜</th><th>행동 발생 수</th><th>합계</th><th>날짜</th><th>행동 발생 수</th><th>합계</th></tr>
<tr><td>월 10:00~10:10
(10분)</td><td>3/17</td><td>✓✓✓✓✓✓</td><td>6</td><td>3/24</td><td>✓✓✓✓✓✓✓✓✓</td><td>9</td></tr>
<tr><td>화 14:20~14:30
(10분)</td><td>3/18</td><td>✓✓✓✓✓✓✓✓✓✓
✓✓</td><td>12</td><td>3/25</td><td>✓✓✓✓✓✓✓✓✓✓
✓✓✓✓✓</td><td>15</td></tr>
<tr><td>수 10:00~10:10
(10분)</td><td>3/19</td><td>✓✓✓</td><td>3</td><td>3/26</td><td>✓✓✓✓✓</td><td>5</td></tr>
<tr><td>목 13:40~13:50
(10분)</td><td>3/20</td><td>✓✓</td><td>2</td><td>3/27</td><td>✓✓✓✓✓✓✓</td><td>7</td></tr>
<tr><td>금 13:40~13:50
(10분)</td><td>3/21</td><td>✓✓✓✓✓✓✓</td><td>7</td><td>3/28</td><td>✓✓✓✓✓✓✓✓</td><td>8</td></tr>
</table>

출처: 양명희(2012). 행동수정이론에 기초한 행동지원. 학지사. p. 123의 내용을 일부 발췌하여 수정함.

〈표 3-11〉 빈도기록법 예시 ③: 여러 명의 빈도기록

학생명		이아름, 김유찬, 양사랑, 최민수(송림초등학교 5학년, 만 11세)			
관찰자		이가은(실습교사)			
관찰장소 및 상황		국어 수업 시간, 교실 내, 이야기 속 문장을 순서대로 읽는 상황			
표적행동의 조작적 정의		소리 내어 읽기: 문장을 읽으면서 아동이 읽는 단어에서 발견되는 오반응(대체, 발음오류, 삽입, 반복)			
날짜	아동 / 반응(회)	이아름	김유찬	양사랑	최민수
3/17	대체	✓✓✓		✓✓	
	발음오류			✓✓	✓
	삽입	✓	✓✓	✓	
	반복			✓✓	
3/18	대체	✓✓		✓✓✓✓✓	
	발음오류	✓		✓	✓✓
	삽입			✓✓✓	
	반복		✓	✓✓	
3/19	대체		✓✓	✓✓✓	
	발음오류	✓✓		✓✓✓✓✓	✓✓✓
	삽입			✓✓✓	
	반복	✓		✓	
3/20	대체			✓✓	
	발음오류	✓✓			✓
	삽입	✓✓✓		✓✓✓✓	✓
	반복		✓✓	✓	✓✓
3/21	대체			✓✓✓	✓✓
	발음오류	✓			
	삽입	✓		✓✓✓	
	반복		✓	✓✓✓	

출처: 양명희(2012). 행동수정이론에 기초한 행동지원. 학지사. p. 123의 내용을 일부 발췌하여 수정함.

빈도기록법은 행동이 발생하는 시간과 행동 발생 빈도를 함께 기록하기 때문에 문제행동이 언제 가장 많이 발생하는지 시간 흐름에 따라 행동 발생 분포를 알 수 있다는 장점이 있다. 하지만 행동의 빈도만으로는 행동의 양태나 강도를 알 수 없고, 지나치게 짧은 시간 간격으로 자주 또는 오랜 시간에 걸쳐 일어나는 행동에는 적용하기 어렵다는 단점도 있으므로 행동 형태에 따라 어떤 차원의 사건기록을 할 것인지 사전에 결정해야 한다.

Tip!

행동의 차원을 고려하여 관찰 기록법을 선택해야 한다.

사건기록법으로 관찰 기록하기 적합한 행동은 행동의 시작과 끝이 명확하고 비교적 짧은 시간에 발생했다가 사라지는 행동을 관찰할 때 주로 사용한다. 예를 들어, 자리이탈, 선생님을 부르며 손들기, 고맙습니다(또는 감사한다)라고 말하기, 수업 중에 교사의 허락 없이 말하기, 욕하기, 물건 던지기 등이 대상 행동으로 적절하다.

사건기록법으로 관찰 기록하기 어려운 행동으로는 성질부리기, 소리 내어 울기, 연필로 책상 두드리기, 눈 깜빡이기, 컴퓨터 게임하기 등이다.

이러한 행동들은 행동의 시작과 끝이 명확하지 않을뿐더러 행동의 지속시간이 길거나, 행동 자체가 너무 짧고 셀 수 없을 정도의 짧은 행동들이 연속된다면, 간격기록법을 활용하여 행동 관찰하는 것이 적절할 수 있다.

빈도기록을 한 후에 학생 행동관찰을 요약하여 보고할 필요가 있다. 이때 활용할 수 있는 방법이 평균과 범위를 제시하는 것이다. 관찰시간 동안 행동 빈도를 평균으로 제시한다. 예를 들어, 1회기에는 20분 동안 4회 행동 발생, 2회기에는 25분 동안 5회 행동 발생, 3회기에는 21분 동안 3회 행동이 발생했다면 행동빈도의 평균은 1회기는 5분당 1회, 2회기는 5분당 1회, 3회기는 7분당 1회 행동이 발생한 것을 알 수 있다. 관찰한 시간은 서로 다르지만, 시간당 행동 발생 빈도를 확인할 수 있음을 알 수 있다.

〈표 3-12〉 빈도기록을 기반으로 그래프로 작성한 자료 예시 ①

학생명	김민지(송림초등학교 2학년, 만 7세)														
관찰자	이가은(실습교사)														
관찰 상황	아침 등교 시간, 약 20명의 반 학우들이 오가며 소지품을 정리하거나 인사하는 등 전체적으로 어수선하고 시끌벅적한 분위기														
표적 행동	자해행동: 자기 신체 일부나 주변 환경을 이용하여 자기 머리를 때리는 행동(머리를 주먹으로 때리기, 벽면을 머리로 치기)														
관찰 장소	교실 및 복도 일대														
구간 (기초선, 중재, 유지, 일반화)	기초선			중재 1			······	중재 2				일반화		유지	
날짜	5/1	5/2	5/3	5/4	5/8	5/9		5/15	5/16	5/17	5/18	5/19	5/20	5/21	5/22
관찰 시간(분)	09:00 ~ 09:20 (20분)	09:00 ~ 09:20 (20분)	08:55 ~ 09:10 (15분)	08:55 ~ 09:10 (15분)	09:00 ~ 09:20 (20분)	09:00 ~ 09:20 (20분)	······	09:10 ~ 09:30 (20분)	09:10 ~ 09:30 (20분)	09:05 ~ 09:25 (20분)	09:05 ~ 09:25 (20분)	09:00 ~ 09:20 20분)	09:00 ~ 09:20 (20분)	09:05 ~ 09:25 (20분)	08:55 ~ 09:10 (15분)
행동 발생 횟수	35	40	35	30	30	22		20	12	10	8	6	5	2	1
분당 비율	1.75	2	2.33	2	1.5	1.1		1	0.6	0.5	0.4	0.3	0.25	0.1	0.07

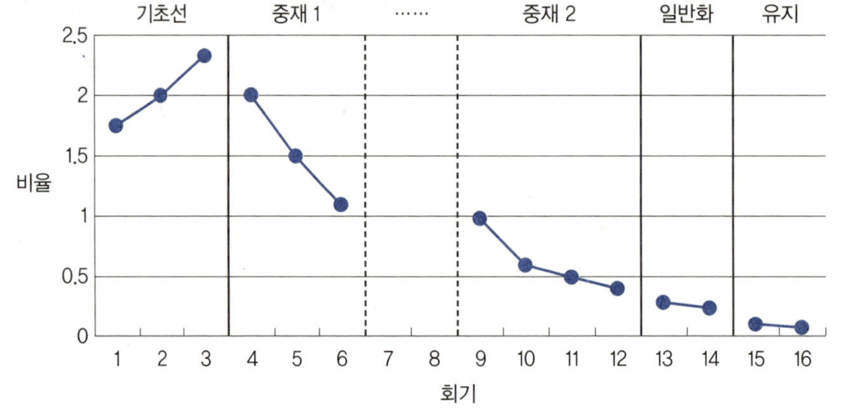

출처: Zirpoli, T. J. (2017). 통합교육을 위한 행동관리의 실제(제7판). 류재연, 임경원, 김은경, 이병혁, 박경옥 역. 시그마프레스. p. 214의 내용을 일부 발췌하여 수정함.

〈표 3-13〉 빈도기록을 기반으로 그래프로 작성한 자료 예시 ②

표적 행동	자해행동(꼬집기): 자신의 왼쪽 팔 혹은 허벅지를 오른손 엄지와 검지로 잡아 비틀며 뜯는 과정이 2초 이상 지속되는 행동														
구간	기초선			중재 1			……	중재 2				일반화		유지	
날짜	4/7	4/8	4/11	4/12	4/13	4/14		4/15	4/18	4/19	4/20	4/21	4/22	4/25	4/26
관찰장소	복도 및 교실			복도 및 교실				복도 및 교실				복도 및 교실		복도 및 교실	
관찰 시간 (분)	09:00 ~ 09:20 (20분)	09:00 ~ 09:20 (20분)	09:00 ~ 09:20 (20분)	09:00 ~ 09:20 (20분)	09:00 ~ 09:20 (20분)	09:00 ~ 09:20 (20분)		09:00 ~ 09:20 (20분)	09:00 ~ 09:20 (20분)	09:00 ~ 09:20 (20분)	09:00 ~ 09:20 (20분)	09:00 ~ 09:20 (20분)	09:00 ~ 09:20 (20분)	09:00 ~ 09:20 (20분)	09:00 ~ 09:20 (20분)
행동 발생 (빈도)	20+	20+	20+	20+	20+	20+		20+	20+	20+	20+	20+	20+	20+	20+
	20	20	20	20	20	20		20	20	20	20	20	20	20	20
	19	19	19	19	19	19		19	19	19	19	19	19	19	19
	18	18	18	18	18	18		18	18	18	18	18	18	18	18
	17	17	17	17	17	17		17	17	17	17	17	17	17	17
	16	16	16	16	16	16		16	16	16	16	16	16	16	16
	15	15	15	15	15	15		15	15	15	15	15	15	15	15
	14	14	14	14	14	14		14	14	14	14	14	14	14	14
	13	13	13	13	13	13		13	13	13	13	13	13	13	13
	12	12	12	12	12	12		12	12	12	12	12	12	12	12
	11	11	11	11	11	11	……	11	11	11	11	11	11	11	11
	10	10	10	10	10	10		10	10	10	10	10	10	10	10
	9	9	9	9	9	9		9	9	9	9	9	9	9	9
	8	8	8	8	8	8		8	8	8	8	8	8	8	8
	7	7	7	7	7	7		7	7	7	7	7	7	7	7
	6	6	6	6	6	6		6	6	6	6	6	6	6	6
	5	5	5	5	5	5		5	5	5	5	5	5	5	5
	4	4	4	4	4	4		4	4	4	4	4	4	4	4
	3	3	3	3	3	3		3	3	3	3	3	3	3	3
	2	2	2	2	2	2		2	2	2	2	2	2	2	2
	1	1	1	1	1	1		1	1	1	1	1	1	1	1
합계	13	16	17	14	12	11		10	10	9	6	5	5	4	3
분당 행동빈도	0.65	0.8	0.75	0.7	0.6	0.55		0.5	0.5	0.45	0.3	0.25	0.25	0.2	0.15

출처: Zirpoli, T. J. (2017). 통합교육을 위한 행동관리의 실제(제7판). 류재연, 임경원, 김은경, 이병혁, 박경옥 역. 시그마프레스. p. 214의 내용을 일부 발췌하여 수정함.

〈표 3-14〉 행동중재 프로파일 내 일화 및 표본기록지 예시: 행동관찰측정표(사건기록법)

관찰시간	매주 월요일 국어시간(09:00부터 09:40까지)													표적행동				소리를 지르거나 자리를 이탈하는 횟수											
구간	기초선					중재																			유지				
회기	1	2	3	4	5	6	7	8	9	10	11	12	13	14	15	16	17	18	19	20	21	22	23	24	25	26	27	28	29
날짜	4/5	4/6	4/7	4/8	4/11	4/12	4/13	4/14	4/15	4/18	4/19	4/20	4/21	4/22	4/25	4/26	4/27	4/28	4/29	5/2	5/3	5/4	5/6	5/9	5/10	5/11	5/12	5/13	5/16
행동 발생 (빈도)	20	20	20	20	20	20	20	20	20	20	20	20	20	20	20	20	20	20	20	20	20	20	20	20	20	20	20	20	20
	19	19	19	19	19	19	19	19	19	19	19	19	19	19	19	19	19	19	19	19	19	19	19	19	19	19	19	19	19
	18	18	18	18	18	18	18	18	18	18	18	18	18	18	18	18	18	18	18	18	18	18	18	18	18	18	18	18	18
	17	17	17	17	17	17	17	17	17	17	17	17	17	17	17	17	17	17	17	17	17	17	17	17	17	17	17	17	17
	16	16	16	16	16	16	16	16	16	16	16	16	16	16	16	16	16	16	16	16	16	16	16	16	16	16	16	16	16
	15	15	15	15	15	15	15	15	15	15	15	15	15	15	15	15	15	15	15	15	15	15	15	15	15	15	15	15	15
	14	14	14	14	14	14	14	14	14	14	14	14	14	14	14	14	14	14	14	14	14	14	14	14	14	14	14	14	14
	13	13	13	13	13	13	13	13	13	13	13	13	13	13	13	13	13	13	13	13	13	13	13	13	13	13	13	13	13
	12	12	12	12	12	12	12	12	12	12	12	12	12	12	12	12	12	12	12	12	12	12	12	12	12	12	12	12	12
	11	11	11	11	11	11	11	11	11	11	11	11	11	11	11	11	11	11	11	11	11	11	11	11	11	11	11	11	11
	10	10	10	10	10	10	10	10	10	10	10	10	10	10	10	10	10	10	10	10	10	10	10	10	10	10	10	10	10
	9	9	9	9	9	9	9	9	9	9	9	9	9	9	9	9	9	9	9	9	9	9	9	9	9	9	9	9	9
	8	8	8	8	8	8	8	8	8	8	8	8	8	8	8	8	8	8	8	8	8	8	8	8	8	8	8	8	8
	7	7	7	7	7	7	7	7	7	7	7	7	7	7	7	7	7	7	7	7	7	7	7	7	7	7	7	7	7
	6	6	6	6	6	6	6	6	6	6	6	6	6	6	6	6	6	6	6	6	6	6	6	6	6	6	6	6	6
	5	5	5	5	5	5	5	5	5	5	5	5	5	5	5	5	5	5	5	5	5	5	5	5	5	5	5	5	5
	4	4	4	4	4	4	4	4	4	4	4	4	4	4	4	4	4	4	4	4	4	4	4	4	4	4	4	4	4
	3	3	3	3	3	3	3	3	3	3	3	3	3	3	3	3	3	3	3	3	3	3	3	3	3	3	3	3	3
	2	2	2	2	2	2	2	2	2	2	2	2	2	2	2	2	2	2	2	2	2	2	2	2	2	2	2	2	2
	1	1	1	1	1	1	1	1	1	1	1	1	1	1	1	1	1	1	1	1	1	1	1	1	1	1	1	1	1
평균	9	9	10	10	10	10	9	10	11	9	7	7	8	6	5	4	4	3	2	1	0	0	0	0	0	0	0	0	0
범위	9~10					1~11																							

서식 3-2-2. 행동관찰측정표(지속시간기록법)에 대해 살펴보자.

지속시간기록법은 행동이 시작되면 그 행동이 얼마나 지속되는지, 또는 행동이 이루어질 때까지 소요된 시간의 양이 얼마나 되는지를 측정하여 기록하는 방법으로 하나의 행동이 시작되어 끝날 때까지 지속되는 시간의 양이다. 지속시간은 학생이 어떤 행동을 하는 시간이나 활동에 참여해야 할 시간의 양을 교사가 증가시키거나 줄일 목적으로 측정한다. 특정 행동이 얼마나 자주 발생하는지를 알아 두는 것 이외에 울기, 텐트럼(tantrum),[1] 경청하기, 과제 수행하기 같은 행동을 대상으로 지속시간을 측정하는 것이 중요하다.

지속시간(duration)은 총 지속시간과 행동 발생당 지속시간이 있다. 회기당 총 지속시간은 관찰 기간 동안 발생한 행동의 지속시간을 모두 합한 시간을 의미한다. 타이머를 0으로 맞춘 뒤 행동이 발생할 때마다 버튼을 눌러 행동의 경과시간을 측정하고 행동이 멈추면 다시 버튼을 눌러 타이머를 멈춘다. 이렇게 만약 한 시간 동안 두 번의 텐트럼이 있었고, 첫 번째 행동의 지속시간과 두 번째 행동의 지속시간의 총 지속시간이 10분이 되면 10분이 회기당 총 지속시간이 된다.

학생이 보이는 특정 행동의 전체 시간을 증가시키거나 감소시키고자 한다면 교사는 행동 발생당 지속시간을 측정하는 데 관심을 두어야 한다. 앞서 언급한 학생의 텐트럼을 줄이고 싶다면 텐트럼 시간, 즉 행동 발생당 지속시간을 아는 것이 전체 지속시간을 아는 것보다 유용하다.

지속시간기록을 할 때는 표적행동이 시작될 때의 시간과 그 행동이 끝날 때의 시간을 기록하여 행동이 지속된 시간을 계산하여 기록하는 방법이다. 따라서 지속시간을 측정하기 위해 스톱워치를 사용하면 편리하다.

1) 갑작스러운 짜증부터 울화나 역정을 내는 행동

Tip!

지속시간기록법은 지나치게 짧은 시간 간격으로 발생하는 행동에는 적용하기 어렵다. 지속시간기록법에 적절한 행동은 식사를 마치는 데 걸리는 시간, 화장실에 머무는 시간, 주어진 과제를 완성하기까지 걸리는 시간, 손가락을 빠는 시간, 상동행동을 하는 시간 등의 행동을 측정하는 데 유용하다.

지속시간기록 서식을 살펴보자. 서식을 작성하는 방법은 다음과 같다. 먼저 관찰할 표적행동을 기록한다. 관찰하는 행동중재의 구간(기초선, 중재, 일반화, 유지 등)을 체크하고, 관찰하는 날짜를 기록한다. 그리고 관찰하는 장소나 수업 시간이라면 교과목(예: 체육의 경우 운동장이나 강당 등)을 쓴다. 관찰시간은 사전에 계획된 시간을 기록하고 총 관찰시간을 괄호 안에 기록한다.

행동 발생에 대한 지속시간기록은 관찰시간 동안 학생이 표적행동을 할 때마다 지속시간을 기록한다. 이때 1일 관찰시간 동안 여러 차례 행동이 관찰된다면 회기별로 표적행동의 지속시간을 기록한다. 예를 들어, 순이의 표적행동이 수업 중 엄지손가락을 빠는 행동이라고 가정했을 때 오전 9시 30분부터 15분간 행동관찰을 한 결과, 처음에는 45초, 두 번째는 1분, 세 번째는 1분 10초, 네 번째는 35초 동안 손가락을 빨았다면 4회의 손가락 빨기 시간을 각각 기록한다. 그리고 난 다음 전체 관찰시간 동안 순이가 엄지손가락을 빤 시간을 합산하여 3분 30초 동안 손가락을 빨았다는 것을 확인할 수 있다.

〈표 3-15〉 행동관찰측정표(지속시간기록법) 작성 예시

학생명	김순이		관찰자	박지환 실습교사
표적행동	순이는 수업 시간 중에 엄지손가락을 빤다. 빨기 행동: 엄지손가락을 5mm 이상 입에 넣은 뒤 손가락을 돌리거나 깨무는 것을 5초 이상 지속하는 행동				
구간	기초선/중재/유지/일반화				
날짜	1/20	1/21	1/22	1/25	1/26
장소(교과목)	2학년 4반 교실 (수학)	2학년 4반 교실 (국어)	2학년 4반 교실 (국어)	2학년 4반 교실 (수학)	과학실험실 (과학)
관찰시간(분)	09:30~09:45 (15분)	09:20~09:40 (20분)	09:10~09:30 (20분)	09:15~09:30 (15분)	09:25~09:40 (15분)
행동 발생 / 횟수	지속시간: ☑ 초 □ 분 □ 시				
1회	45	27	45	45	77
2회	62	43	19	102	90
3회	71	80	31	14	81
4회	38	61	20	49	44
5회		24	90	37	38
6회		59	110	33	
7회			49	122	
8회				118	
9회				29	
10회					
총 지속시간	216	294	364	549	330
평균 지속시간	216÷4=54	294÷6=49	364÷7=52	549÷9=61	330÷5=66

〈표 3-16〉 지속시간 관찰의 예시 ①: 전체 지속시간 활용

<table>
<tr><th colspan="2">학생명</th><td colspan="7">이희망(정화초등학교 6학년, 만 12세)</td></tr>
<tr><th colspan="2">관찰자</th><td colspan="7">박지환(실습교사)</td></tr>
<tr><th colspan="2">관찰장소 및 상황</th><td colspan="7">6학년 2반 교실, 대상 아동은 2분단 둘째 줄 우측 자리에서 착석. 아침 독서 시간. 가정에서 가져오거나 학급 내 비치된 도서를 자유롭게 읽는 상황</td></tr>
<tr><th colspan="2">표적행동의
조작적 정의</th><td colspan="7">과제 수행: 아침 독서 시간 동안 집중하여 20초 이상 책을 읽는 행동. 책을 덮거나 시선이 책 이외의 방향으로 10초 이상 향하는 경우 중단</td></tr>
<tr><th>날짜</th><th>시간</th><th colspan="5">행동 발생</th><th colspan="2">관찰결과 요약</th></tr>
<tr><td rowspan="6">11/10</td><td rowspan="6">08:40~09:00</td><td rowspan="3">#1
6'30"</td><td rowspan="3">#2
4'15"</td><td rowspan="3">#3
5'15"</td><td rowspan="3">#4</td><td rowspan="3">#5</td><td rowspan="2">전체 관찰시간</td><td rowspan="2">20분</td></tr>
<tr></tr>
<tr><td rowspan="2">전체 지속시간</td><td rowspan="2">16분</td></tr>
<tr><td rowspan="3">#6</td><td rowspan="3">#7</td><td rowspan="3">#8</td><td rowspan="3">#9</td><td rowspan="3">#10</td></tr>
<tr><td rowspan="2">행동 발생률</td><td rowspan="2">80%</td></tr>
<tr></tr>
<tr><td rowspan="6">11/11</td><td rowspan="6">08:40~09:00</td><td rowspan="3">#1
2'20"</td><td rowspan="3">#2
7'25"</td><td rowspan="3">#3
3'15"</td><td rowspan="3">#4
2'</td><td rowspan="3">#5</td><td rowspan="2">전체 관찰시간</td><td rowspan="2">20분</td></tr>
<tr></tr>
<tr><td rowspan="2">전체 지속시간</td><td rowspan="2">15분</td></tr>
<tr><td rowspan="3">#6</td><td rowspan="3">#7</td><td rowspan="3">#8</td><td rowspan="3">#9</td><td rowspan="3">#10</td></tr>
<tr><td rowspan="2">행동 발생률</td><td rowspan="2">75%</td></tr>
<tr></tr>
</table>

출처: 양명희(2012). 행동수정이론에 기초한 행동지원. 학지사. p. 127의 내용을 일부 발췌하여 수정함.

〈표 3-17〉 지속시간 관찰의 예시 ②: 행동 발생당 지속시간 활용

<table>
<tr><th colspan="2">학생명</th><td colspan="7">최기쁨(정화초등학교 1학년, 만 6세)</td></tr>
<tr><th colspan="2">관찰자</th><td colspan="7">박지환(실습교사)</td></tr>
<tr><th colspan="2">관찰장소 및 상황</th><td colspan="7">1학년 3반 교실, 대상 아동은 가장 앞자리 위치. 1교시 수업 시간</td></tr>
<tr><th colspan="2">표적행동의
조작적 정의</th><td colspan="7">손가락 빨기: 입 안으로 손가락을 3mm 이상 집어넣어 5초 이상을 물고 있거나 손톱을 깨무는 행동</td></tr>
<tr><th>날짜</th><th>시간</th><th colspan="5">행동 발생</th><th colspan="2">관찰결과 요약</th></tr>
<tr><td rowspan="4">9/21</td><td rowspan="4">09:10~09:50</td><td rowspan="2">#1
2'30"</td><td rowspan="2">#2
1'40"</td><td rowspan="2">#3
3'10"</td><td rowspan="2">#4
20"</td><td rowspan="2">#5
4'</td><td>전체 관찰시간</td><td>40분</td></tr>
<tr><td>전체 지속시간</td><td>11분 40초</td></tr>
<tr><td rowspan="2">#6</td><td rowspan="2">#7</td><td rowspan="2">#8</td><td rowspan="2">#9</td><td rowspan="2">#10</td><td>지속시간 백분율</td><td>29.2%</td></tr>
<tr><td>평균 지속시간</td><td>2분 20초</td></tr>
<tr><td rowspan="4">9/22</td><td rowspan="4">09:10~09:50</td><td rowspan="2">#1
5'30"</td><td rowspan="2">#2
1'15"</td><td rowspan="2">#3
35"</td><td rowspan="2">#4
3'</td><td rowspan="2">#5
2'10"</td><td>전체 관찰시간</td><td>40분</td></tr>
<tr><td>전체 지속시간</td><td>19분</td></tr>
<tr><td rowspan="2">#6
1'40"</td><td rowspan="2">#7
4'50"</td><td rowspan="2">#8</td><td rowspan="2">#9</td><td rowspan="2">#10</td><td>지속시간 백분율</td><td>47.5%</td></tr>
<tr><td>평균 지속시간</td><td>2분 43초</td></tr>
<tr><td rowspan="4">9/23</td><td rowspan="4">09:10~09:50</td><td rowspan="2">#1
2'15"</td><td rowspan="2">#2
6'</td><td rowspan="2">#3
4'15"</td><td rowspan="2">#4
1'35"</td><td rowspan="2">#5</td><td>전체 관찰시간</td><td>40분</td></tr>
<tr><td>전체 지속시간</td><td>14분 5초</td></tr>
<tr><td rowspan="2">#6</td><td rowspan="2">#7</td><td rowspan="2">#8</td><td rowspan="2">#9</td><td rowspan="2">#10</td><td>지속시간 백분율</td><td>35.2%</td></tr>
<tr><td>평균 지속시간</td><td>3분 31초</td></tr>
</table>

출처: 양명희(2012). 행동수정이론에 기초한 행동지원. 학지사. p. 127의 내용을 일부 발췌하여 수정함.

〈표 3-18〉 행동중재 프로파일 내 일화 및 표본기록지 예시: 행동관찰측정표(지속시간기록법)

관찰행동의 지속시간 단위	길동이가 점심식사 시간에 이유 없이 우는 행동의 지속시간																												
구간		기초선				중재																	유지						
회기	예	1	2	3	4	5	6	7	8	9	10	11	12	13	14	15	16	17	18	19	20	21	22	23	24	25	26	27	28
날짜		6/1	6/2	6/3	6/7	6/8	6/9	6/10	6/13	6/14	6/15	6/17	6/18	6/20	6/21	6/22	6/23	6/24	6/27	6/28	6/29	6/30	7/1	7/4	7/5	7/6	7/7	7/8	7/9
행동 발생 지속 시간 (초☑, 분☐, 시☐)	95 90 85 80 75 70 65 60 55 50 45 40 35 30 25 20 15 10 5 0	60	50	55	60	55	55	45	45	40	40	35	30	15	10	15	0	0	0	0	0	0	0	0	0	0	0	0	0
평균		60	50	55	60	55	55	45	45	40	40	35	30	15	10	15	0	0	0	0	0	0	0	0	0	0	0	0	0
범위		50~60				0~55																	0						

서식 3-2-3. 행동관찰측정표(반응지연시간 및 반응간시간기록법)에 대해 살펴보자.

지속시간 측정이 시간상의 길이에 초점을 두는 경우, 반응지연시간과 반응간시간 기록법으로 행동측정을 할 수 있다. 반응지연시간(latency)은 시간상의 위치에 기초한다. 측정방법은 같으나 반응지연은 어떤 자극이 주어진 후 그와 관련된 반응이 발생하기까지 경과된 시간을 의미한다. 예를 들어, 교사가 학생의 이름을 부른 뒤(자극), 학생이 '네'라고 대답(반응)하기까지의 걸린 시간이 그 예이다. 또는 교사의 지시(자극)에 학생이 지시된 행동을 하기 시작(반응)하기까지의 걸린 시간으로 자극에서 반응까지의 시간을 의미한다.

반응간시간(Interresponse Time: IRT)이 있다. 반응간시간이란 연속되는 두 반응 사이에 경과되는 시간을 의미한다. 예를 들어, 학생이 첫 번째 텐트럼을 한 뒤 20분이 지나 다시 두 번째 텐트럼을 시작하였다면 반응간시간은 20분이 된다. 텐트럼이 잦으면, 즉 반응간시간이 짧은 경우, 반응간시간을 늘리면서 텐트럼을 낮추고자 할 때 반응간시간 측정이 쉬울 수 있다. 또한 빠르게 식사를 끝내는 학생에게도 한 숟갈을 뜨는 첫 번째 행동과 다음 한 숟갈을 뜨는 두 번째 행동의 반응간시간은 늘림으로써 천천히 식사를 마치도록 하는 중재에도 본 측정법이 활용될 수 있다.

Tip!

반응지연시간기록법은 선행사건과 표적행동 발생 사이에 지연된 시간을 계산하여 기록하는 것으로, 지속시간과 유사하다. 반응지연시간기록법을 행하는 절차는 다음과 같다.

- 선행자극 또는 선행사건을 정의한다(예: 국어시간에 교사가 학생에게 첫 문장의 첫 단어를 손가락으로 짚어 보세요.).
- 관찰시간 동안 주어진 선행자극의 수를 결정한다.
- 선행자극을 주고 시간을 기록하거나 스톱워치를 작동한다.
- 학생이 행동을 시작할 때까지 시간을 기록하거나 스톱워치를 멈춘다.
- 행동이 시작될 때까지 지연된 시간을 계산하여 해당 칸에 기록한다.
- 각 행동의 지연시간을 합하여 행동의 횟수로 나누어 표적행동의 평균 지연시간을 기록한다.

〈표 3-19〉 행동관찰측정표(반응지연시간기록법) 작성 예시

표적행동	지시 따르기: 국어시간에 읽기를 시작하기 위해 교사가 학생에게 첫 문장의 첫 단어를 손가락으로 짚고 읽으라는 지시를 행할 때까지 걸리는 시간				
구간	기초선			중재	
날짜	1/21	1/23	1/24	1/25	1/26
장소(교과목)	5학년 2반 교실 (국어)	5학년 2반 교실 (국어)	5학년 2반 교실 (국어)	5학년 2반 교실 (국어)	5학년 2반 교실 (국어)
관찰시간(분)	09:30~09:45 (15분)	09:30~09:45 (15분)	10:20~10:35 (15분)	11:10~11:25 (15분)	10:20~10:35 (15분)
행동 발생 / 횟수	지속시간: ☑ 초 □ 분 □ 시				
1회	70	25	50	70	80
2회	60	55	45	40	75
3회	30	90	70	95	60
4회	50	70	25	65	45
5회	80		115		70
6회	60				55
7회					105
8회					
9회					
10회					
총 지연시간	350	240	305	270	490
평균 반응지연시간	350÷6=58.3	240÷4=60	305÷5=61	270÷4=67.5	420÷7=70

〈표 3-20〉 반응지연시간 관찰의 예시

<table>
<tr><th colspan="2">대상 아동</th><td colspan="7">박희망(대구초등학교 4학년, 만 10세)</td></tr>
<tr><th colspan="2">관찰자</th><td colspan="7">교육실습 예비교사 박대구</td></tr>
<tr><th colspan="2">관찰장소 및 상황</th><td colspan="7">• 장소: 4학년 5반 교실
• 상황: 수학 과목에서 학습 목표의 개념을 설명한 후 문제를 스스로 푸는 상황
대상 아동은 중앙 교탁 앞 맨 앞자리에 위치</td></tr>
<tr><th colspan="2">표적행동의 조작적 정의</th><td colspan="7">지시 따르기: 수학시간에 개념 설명 후 개별 과제(예: 연습 문제 풀기, 단원 평가 풀기 등)를 시작하기 위해 교실 내 전체 아동 혹은 대상 아동에게 지시한 내용대로 행동한다.</td></tr>
<tr><th colspan="2">선행사건(선행자극)</th><td colspan="7">교사가 "○○쪽의 문제를 풀어 봅시다."라고 하거나 "나눠 준 유인물의 문제 풀기를 시작하세요."라고 말한다.</td></tr>
<tr><th>날짜</th><th>시간</th><th colspan="5">행동 발생</th><th colspan="2">관찰결과 요약</th></tr>
<tr><td rowspan="6">5/14</td><td rowspan="6">13:10~13:50
(40분)</td><td rowspan="3">#1
30"</td><td rowspan="3">#2
1'15"</td><td rowspan="3">#3
20"</td><td rowspan="3">#4
2'</td><td rowspan="3">#5</td><td rowspan="2">전체 반응지연시간</td><td rowspan="2">4분 5초</td></tr>
<tr></tr>
<tr><td rowspan="2">선행사건 횟수</td><td rowspan="2">4회</td></tr>
<tr><td rowspan="3">#6</td><td rowspan="3">#7</td><td rowspan="3">#8</td><td rowspan="3">#9</td><td rowspan="3">#10</td></tr>
<tr><td rowspan="2">평균 반응지연시간</td><td rowspan="2">1분 1초</td></tr>
<tr></tr>
<tr><td rowspan="6">5/15</td><td rowspan="6">11:00~11:40
(40분)</td><td rowspan="3">#1
5"</td><td rowspan="3">#2
1'55"</td><td rowspan="3">#3
3'</td><td rowspan="3">#4
1'20"</td><td rowspan="3">#5
40"</td><td rowspan="2">전체 반응지연시간</td><td rowspan="2">9분</td></tr>
<tr></tr>
<tr><td rowspan="2">선행사건 횟수</td><td rowspan="2">7회</td></tr>
<tr><td rowspan="3">#6
35"</td><td rowspan="3">#7
1'25"</td><td rowspan="3">#8</td><td rowspan="3">#9</td><td rowspan="3">#10</td></tr>
<tr><td rowspan="2">평균 반응지연시간</td><td rowspan="2">77초</td></tr>
<tr></tr>
<tr><td rowspan="6">5/16</td><td rowspan="6">13:10~13:50
(40분)</td><td rowspan="3">#1
2'15"</td><td rowspan="3">#2
45"</td><td rowspan="3">#3
1'10"</td><td rowspan="3">#4</td><td rowspan="3">#5</td><td rowspan="2">전체 반응지연시간</td><td rowspan="2">4분 10초</td></tr>
<tr></tr>
<tr><td rowspan="2">선행사건 횟수</td><td rowspan="2">3회</td></tr>
<tr><td rowspan="3">#6</td><td rowspan="3">#7</td><td rowspan="3">#8</td><td rowspan="3">#9</td><td rowspan="3">#10</td></tr>
<tr><td rowspan="2">평균 반응지연시간</td><td rowspan="2">1분 23초</td></tr>
<tr></tr>
</table>

출처: 양명희(2012). 행동수정이론에 기초한 행동지원. 학지사. p. 129의 내용을 일부 발췌하여 수정함.

서식 3-3. 행동관찰측정표(동간격기록법)에 대해 알아보자.

행동을 관찰하고 측정하는 방법 중 다른 하나는 동간격기록법이 있다. 이는 시간을 중심으로 행동이 발생하는지를 기록하고 측정하는 방법이다. 동간격기록법은 시간간격기록법이라고도 하며 사건을 중심으로 기록하기 어려운 경우에 사용된다. 사건중심 기록이 어려운 경우는 많은 학생을 관찰해야 하거나 한 학생이 지닌 여러 가지 행동을 관찰해야 하는 경우, 또는 학생 행동의 빈도가 매우 잦거나 지속시간의 변화가 심한 경우 등이다.

동간격기록법(시간간격기록법)은 수업이나 치료 활동을 방해하지 않고 적용할 수 있다는 장점이 있다. 하지만 학생이 행하는 행동의 양이 아닌 행동 발생률을 측정하는 방법이라는 것을 염두에 두고 적용해야 한다. 동간격기록법은 관찰시간을 짧은 시간 간격으로 나누어 나눠진 그 시간 간격 안에서 학생의 표적행동이 발생했는지를 관찰하여 기록한다.

시간 간격은 6~15초 간격을 추천하고 있으며 최대 30초를 넘지 않을 것을 추천한다(Cooper, Heron, & Heward, 2007[2]; Alberto & Troutman, 2006[3]). 관찰시간의 간격을 길게 하면 관찰자는 편하지만, 빈도가 높은 행동을 놓치게 되어 실제 발생한 행동보다 적게 기록되고, 시간 간격이 너무 짧으면 자료를 놓칠 위험은 적지만 관찰자가 힘들고, 표적행동도 많게 기록될 수 있어 관찰을 통해 적절한 시간 간격을 결정해야 한다. 시간간격기록법을 사용할 경우, 구체적인 관찰법(전체간격 시간표집, 부분간격 시간표집, 순간시간표집)을 정하고, 이에 따라 관찰간격 및 기록 시간(예: 15초 관찰, 5초 기록)을 두어 실시하기를 권장한다.

동간격기록법은 행동관찰을 위해 사전에 시간 간격을 나눠 둔 각 구간에서 표적행동이 발생했을 때(+)와 행동이 발생하지 않았을 때(−)를 표시한다. 각 간격에 행동의 빈도를 기록하는 것이 아니라 행동 발생 유무만 기록한다. 동간격기록법은 표적

---

2) Cooper, J. O., Heron, T. E., & Heward, W. L. (2007). *Applied behavior analysis* (2nd ed.). Pearson.

3) Alberto, P. A., & Troutman, A .C. (2006). *Applied behavior analysis for teachers* (7th ed.). Prentice Hall.

행동의 관찰 기간을 고려하여 ① 전체간격 시간표집법, ② 부분간격 시간표집법, 그리고 ③ 순간시간표집법으로 구분한다.

이 장에서는 동간격기록법으로 전체간격 시간표집법과 부분간격 시간표집법으로 한정하여 서식 3-3에서 설명하고, 순간시간표집법은 별도 서식인 서식 3-4에서 설명하고자 한다.

Tip!

하위 유형별 동간격기록법의 정의

- **전체간격 시간표집법**은 전체 관찰시간을 일정한 간격으로 나눈 후 간격의 처음부터 끝까지 행동이 나타났을 때 발생했다고 기록하는 방법이다.
- **부분간격 시간표집법**은 전체 관찰시간을 일정 간격으로 나눈 후 행동이 간격의 어느 순간 한 번이라도 발생하는 경우 해당 간격에 행동이 발생했다고 기록하는 방법이다. 가장 많이 사용하는 방법이다.
- **순간시간표집법**은 전체 관찰시간을 일정 간격으로 나눈 후 행동이 간격의 마지막 순간에 나타났을 때 해당 간격에 행동이 발생했다고 기록하는 방법이다. 순간시간표집은 빈번하면서 안정된 비율로 나타나는 행동에는 적절하지만, 지속시간이 너무 짧은 행동에는 부적절할 수 있다. 따라서 학생의 표적행동에 따라 어떤 시간간격법을 사용할지 신중하게 결정해야 한다.

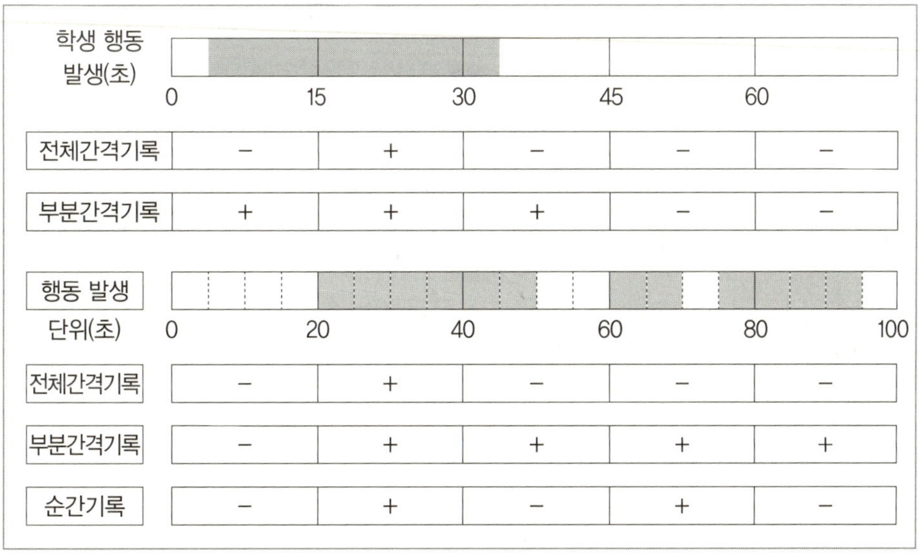

출처: 양명희(2012). 행동수정이론에 기초한 행동지원. 학지사. p. 138의 내용을 일부 발췌하여 수정함.

Tip!

- 전체간격 시간표집법은 구간의 처음부터 끝까지 학생의 표적행동이 발생했을 때만 표시하게 되므로 행동이 과소 추정될 가능성이 크다.
- 부분간격 시간표집법은 구간 내에서 순간이라도 행동이 발생하면 표시하게 되므로 행동이 과대 추정될 가능성이 크다.
- 간격기록은 행동이 나타나는 형태나 상황에 대한 정보를 제공하지 못하므로, 일화기록 등과 함께 활용하는 것이 바람직하다. 낮은 비율로 나타나는 행동의 경우 과대 추정될 수 있고, 고비율로 나타나는 행동은 과소 추정될 수 있으므로 어떤 유형의 관찰 기록을 할지 신중하게 결정해야 하며, 관찰자 훈련이 많이 요구되므로 관찰 기록 전에 충분한 연습이 필요하다.

- 표적행동은 관찰 대상자의 표적행동에 대한 조작적 정의를 토대로 작성한다. 표적행동, 구간(기초선, 중재, 유지, 일반화), 관찰날짜, 관찰장소(교과목), 관찰시간을 작성한다. 이때 관찰자는 주로 자신이어야 한다.
- 구간은 중재 계획에 의거하여 기초선, 중재, 유지, 일반화의 단계를 확인하여 표시한다.
- 날짜는 관찰일을 작성하고 관찰장소는 학교의 수업 상황인 경우 교과목을 작성한다. 교내의 다른 장소에서 학생이 교육활동에 참여하는 경우라면 아침조회, 운동장(체육활동), 점심시간에 식당 등을 기록하여 상황에 대한 이해를 돕도록 한다.
- 관찰시간은 학생의 표적행동을 관찰하기 위해 사전에 결정된 시간을 기록한다. 예를 들면, 09:00~09:30(30분)으로 기록한다.
- 전체구간이나 부분구간의 경우 다음 표와 같이 일정 간격으로 시간을 나누고, 각 구간에 행동의 발생 유무를 표시한다.
- 동간격기록 행동관찰을 위해 다음 표와 같이 전체간격 및 부분간격의 형식을 사용할 수 있다.
- 다음 표와 같이 동일 간격으로 시간을 나누고, 학생의 행동 발생 유무를 기록한다. 다음 사례에 제시된 결과 해석을 하면, 전체 관찰시간 10분을 15초 간격으로 나눠 총 40구간이 되었다. 구간별 표적행동의 행동 발생은 총 18회 관찰되었다.

행동 발생률 계산식 (행동이 일어난 구간의 수÷전체구간 수)×100
학생의 표적행동 발생률 행동 발생률(18÷40)×100=45%

〈표 3-21〉 동간격행동관찰 기록(전체간격과 부분간격 시간표집법)의 예시 ①

- 관찰일시: 2024년 11월 20일 12:10~12:20(10분)
- 표적행동: 자리이탈행동
- 학생명: 정솔이(정화초등학교 1학년, 만 6세)
- 표적행동의 조작적 정의: 교사의 허락 없이 자신의 의자를 떠나, 엉덩이가 의자에서 3초 이상 떨어진 모든 상태

관찰시간	관찰 간격	행동 발생 유무	관찰시간	관찰 간격	행동 발생 유무
1분	15초	−	6분	15초	−
	30초	−		30초	−
	45초	−		45초	−
	60초	−		60초	+
2분	15초	−	7분	15초	+
	30초	−		30초	+
	45초	+		45초	+
	60초	−		60초	+
3분	15초	−	8분	15초	−
	30초	−		30초	−
	45초	+		45초	−
	60초	+		60초	−
4분	15초	−	9분	15초	+
	30초	−		30초	+
	45초	−		45초	+
	60초	+		60초	+
5분	15초	+	10분	15초	+
	30초	+		30초	+
	45초	+		45초	−
	60초	−		60초	−

학생의 표적행동 발생률을 계산하면 다음과 같다.
행동 발생률(행동 발생구간 18÷총구간 40)×100=45%

〈표 3-22〉 부분간격 시간표집법 예시 ①: 한 학생의 여러 행동관찰(부호형)

- 관찰일시: 2024년 3월 20일 09:40~10:00(20분)
- 표적행동: 가은의 수업 비참여 행동(상동행동, 수업 중 이탈, 떠들기)
- 대상 아동: 김가은(정화초등학교 3학년, 만 9세)
- 표적행동의 조작적 정의
  ① 상동행동(○): 머리를 좌우로 반복하여 흔드는 행동
  ② 수업 중 이탈(△): 자리에서 갑자기 일어나는 행동
  ③ 떠들기(□): 학생 A가 내는 음성 또는 비음성(책상 두드리기 등)
- 15초 동안 아동의 행동을 관찰하며, 해당하는 행동이 발생하였을 때 발생한 시간 간격에 해당하는 부호를 작성한다. 관찰 후 부호별 **합**을 합계란에 작성한다. 학생 A의 수업 비참여 행동 중 어떤 종류의 행동을 가장 많이 하는지 파악할 수 있다.

			1				2				3				4				5				6				7				8				9				10
○		□			○	○			△	○			□				□	□						□	△	□	○			△				□	□	○	□		

			11				12				13				14				15				16				17				18				19				20
○			□	□	○	△				○			□	△	□				○			□					○				□				○			△	□

행동	상동행동(○)	수업 중 이탈(△)	떠들기(□)
합계	12	6	16

출처: 양명희(2012). 행동수정이론에 기초한 행동지원. 학지사. p. 143의 내용을 일부 발췌하여 수정함.

〈표 3-23〉 부분간격 시간표집법 예시 ②: 한 학생의 여러 행동관찰(준비형)

- 관찰일시: 2024년 3월 20일 09:40~10:00(20분)
- 표적행동: 나은의 수업 비참여 행동(상동행동, 수업 중 이탈, 떠들기)
- 대상 아동: 이나은(정화초등학교 3학년, 만 9세)
- 표적행동의 조작적 정의
  ① 상동행동(○): 머리를 좌우로 반복하여 흔드는 행동
  ② 수업 중 이탈(△): 자리에서 갑자기 일어나는 행동
  ③ 떠들기(□): 학생 A가 내는 음성 또는 비음성(책상 두드리기 등)
- 20초 동안 아동의 행동을 관찰하며, 해당하는 행동이 발생한 경우 관찰지의 부호에 빗금(╲)으로 표시한다. 관찰 후 부호별 '**합**'을 합계란에 작성한다. 학생 B의 수업 비참여 행동 중 어떤 종류의 행동을 가장 많이 하는지 파악할 수 있다.

시간 간격	행동			시간 간격	행동			시간 간격	행동			시간 간격	행동		
1	○╲	△	□	6	○	△	□	11	○	△╲	□	16	○	△	□
2	○╲	△	□	7	○	△╲	□	12	○	△	□	17	○	△╲	□
3	○	△	□	8	○	△╲	□	13	○	△	□	18	○╲	△	□
4	○	△	□	9	○	△	□	14	○	△╲	□╲	19	○	△	□
5	○	△	□╲	10	○	△	□╲	15	○	△╲	□	20	○	△	□╲

행동	상동행동(○)	수업 중 이탈(△)	떠들기(□)
합계	3	6	4

출처: 양명희(2012). 행동수정이론에 기초한 행동지원. 학지사. p. 143의 내용을 일부 발췌하여 수정함.

이상의 결과를 토대로 다음 표를 작성하면 관찰한 날짜별로 학생의 행동 발생률을 계산하여 기록한다.

〈표 3-24〉 동간격행동관찰 기록(전체간격과 부분간격 시간표집법)의 예시 ②

표적행동	자리이탈행동: 교사의 허락 없이 자신의 의자를 떠나, 엉덩이가 의자에서 3초 이상 떨어진 모든 상태														
구간	기초선					중재									
날짜	11/20	11/21	11/22	11/25	11/26	12/2	12/3	12/4	12/5	12/6	12/9	12/10	12/11	12/12	12/13
장소(교과목)	급식실(점심 식사 시간)														
관찰시간(분)	12:00~12:10(10분)					12:00~12:10(10분)									
행동 발생 (비율 %)	100 95	100 95	100 95	100 95	100 95	100 95	100 95	100 95	100 95	100 95	100 95	100 95	100 95	100 95	100 95
	90 85 80	90 85 80	90 85 80	90 85 80	90 85 80	90 85 80	90 85 80	90 85 80	90 85 80	90 85 80	90 85 80	90 85 80	90 85 80	90 85 80	90 85 80
	75 70 65	75 70 65	75 70 65	75 70 65	75 70 65	75 70 65	75 70 65	75 70 65	75 70 65	75 70 65	75 70 65	75 70 65	75 70 65	75 70 65	75 70 65
	60 55 50	60 55 50	60 55 50	60 55 50	60 55 50	60 55 50	60 55 50	60 55 50	60 55 50	60 55 50	60 55 50	60 55 50	60 55 50	60 55 50	60 55 50
	45 40 35	45 40 35	45 40 35	45 40 35	45 40 35	45 40 35	45 40 35	45 40 35	45 40 35	45 40 35	45 40 35	45 40 35	45 40 35	45 40 35	45 40 35
	30 25 20	30 25 20	30 25 20	30 25 20	30 25 20	30 25 20	30 25 20	30 25 20	30 25 20	30 25 20	30 25 20	30 25 20	30 25 20	30 25 20	30 25 20
	15 10 5 0	15 10 5 0	15 10 5 0	15 10 5 0	15 10 5 0	15 10 5 0	15 10 5 0	15 10 5 0	15 10 5 0	15 10 5 0	15 10 5 0	15 10 5 0	15 10 5 0	15 10 5 0	15 10 5 0
행동 발생률	45	50	60	60	65	60	60	55	45	50	45	45	40	30	30
범위	45~65					30~60									

위의 표에서 보는 바와 같이 학생들의 행동 발생률을 기록하고 이를 단계별로 선으로 이어서 시각화하면 학생의 행동 발생 추이를 즉각적으로 확인할 수 있어 그래프로 그리지 않아도 학생의 행동 양상을 평가할 수 있다는 이점이 있다.

〈표 3-25〉 행동중재 프로파일 내 일화 및 표본기록지 예시: 행동관찰측정표(동간격기록법)

행동관찰에 적용한 동간격기록법		부분간격기록법(30초 간격)																											
표적행동	자리이탈: 교사의 허락 없이 자신의 의자를 떠나, 엉덩이가 의자에서 3초 이상 떨어진 모든 상태																												
구간		기초선								중재												일반화				유지			
회기	예시	1	2	3	4	5	6	7	8	9	10	11	12	13	14	15	16	17	18	19	20	21	22	23	24	25	26	27	28
날짜		8/14	8/18	8/19	8/20	8/21	8/22	8/25	8/26	8/27	8/28	8/29	9/1	9/2	9/3	9/4	9/5	9/8	9/9	9/10	9/11	9/12	9/15	9/16	9/17	9/18	9/19	9/22	9/23
행동 발생 (비율 %)	100 95 90 85 80 75 70 65 60 55 50 45 40 35 30 25 20 15 10 5 0	50	50	55	55	55	55	60	65	55	55	50	55	45	45	40	40	30	25	20	20	15	10	10	10	10	5	10	5
행동 발생률		55.625								40												11.25				7.5			
범위		50~65								20~55												10~15				5~10			

서식 3-4. 행동관찰측정표(순간시간표집법)를 작성해 보자.

순간시간표집법은 전체 관찰시간을 일정한 간격으로 나눈 후 간격의 마지막 순간 학생의 행동이 나타났는지를 확인하여 해당 간격에 행동 발생유무를 기록하는 방법이다. 순간시간표집법은 동시에 여러 학생을 관찰하거나 학생에게 나타나는 여러 유형의 행동을 관찰할 수 있다는 장점이 있다.

순간시간표집법은 먼저 관찰시간을 정해 놓은 간격으로 나눈다. 그리고 학생의 행동을 정해진 간격기간 동안 내내 관찰하는 것이 아니라 학생의 행동관찰 구간 중 미리 정한 마지막 시점에 순간적으로 학생을 보고 표적행동이 발생했으면 '+', 발생하지 않았으면 '–'로 기록한다. 초 단위부터 몇 분 단위로 간격을 설정하는 시간간격기록법과는 달리 순간시간표집법은 대부분 분 단위부터 몇십 분 단위로 간격을 설정하는 경우가 많다.

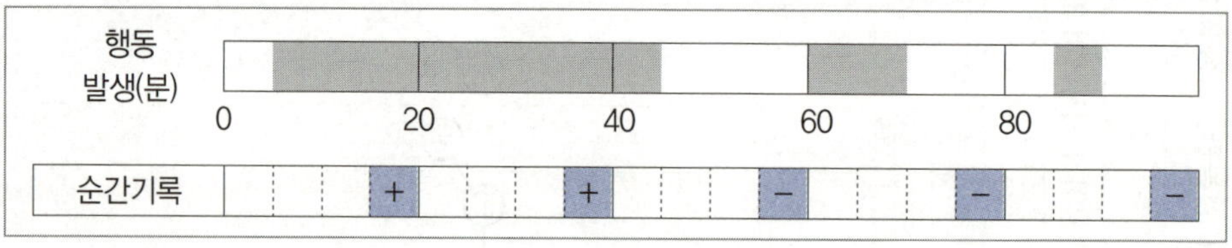

순간시간표집법은 관찰대상의 학생이 여러 학생을 관찰하여 기록하는 것도 가능하다. 학생 A, B, C는 상동행동을 하는 학생들을 함께 시간표집법으로 측정해야 하고자 한다면, 5분마다 학생 A, B, C를 보고 순간시간표집법으로 측정해 기록할 수 있다. 이에 대한 예시는 다음과 같다. 행동 발생률은 행동 발생간격 수/관찰간격 수로 측정한다.

〈표 3-26〉 순간시간표집법 ①: 여러 학생의 상동행동 관찰(부호형)

- 관찰일시: 2024년 4월 12일 09:50~10:40(50분)
- 대상 학생: 박정현, 이하나, 조현수
- 표적행동의 조작적 정의: 머리나 몸을 앞뒤로 흔들거나 책상을 손가락으로 두드리기
- 매 5분 간격을 설정하고, 마지막 순간인 5분마다 관찰하여 발생한 행동 여부를 확인해 기록한다. 상동행동을 하는 경우 +, 하지 않은 경우 −로 표시한다. 관찰 후 학생마다 표시된 **+의 합**을 합계란에 작성한다. 행동 발생률은 **'행동 발생구간 수(+의 개수)÷전체 시간 간격 구간 수×100'**으로 계산해 작성한다.

학생	1	2	3	4	5	6	7	8	9	10	합계	행동 발생률
박정현	−	+	−	+	−	−	−	−	−	+	3	30%
이하나	+	+	−	+	−	+	+	+	−	+	7	70%
조현수	−	−	+	+	−	−	+	−	+	−	4	40%

출처: 양명희(2012). 행동수정이론에 기초한 행동지원. 학지사. p. 143의 내용을 일부 발췌하여 수정함.

〈표 3-27〉 순간시간표집법 ②: 여러 학생의 상동행동 관찰(준비형)

- 관찰일시: 2025년 4월 17일 10:30~11:45(75분)
- 대상 학생: 박정현, 이하나, 조현수
- 표적행동의 조작적 정의: 머리나 몸을 앞뒤로 흔들거나 책상을 손가락으로 두드리기
- 매시간 간격의 20초 동안 학생의 행동을 관찰하고, 마지막 순간 5초 동안 발생한 행동 여부를 확인해 기록한다. 상동행동을 하는 경우 +칸에, 하지 않은 경우 −칸에 빗금(＼)으로 표시한다. 관찰 후 학생마다 **+칸과 −칸에 빗금 표시된 개수의 합**을 각각 작성한다. 행동 발생률은 **'행동 발생간격 수(+의 개수)÷전체간격 수×100'**으로 계산해 작성한다.

학생	박정현		이하나		조현수		학생	박정현		이하나		조현수	
1	+	\−	+	\−	\+	−	10	+	\−	+	\−	\+	−
2	\+	−	+	\−	\+	−	11	\+	−	\+	−	\+	−
3	\+	−	+	\−	+	\	12	+	\−	\+	−	+	\−
4	+	\−	+	\−	+	\−	13	+	\−	\+	−	\+	−
5	\+	−	+	\−	\+	−	14	+	\−	+	\−	\+	−
6	+	\−	\+	−	\+	−	15	\+	−	\+	−	+	\−
7	+	\−	\+	−	\+	−	합계	6	9	7	8	11	4
8	\+	−	\+	−	\+	−							
9	+	\−	+	\−	\+	−	행동 발생률	40%		46.7%		73.3%	

순간시간표집법을 이용해 학생별로 로테이션하면서 상동행동을 측정할 수도 있다. 학생 A는 5분, 20분, 35분, 50분마다 측정하고 학생 B는 10분, 25분, 40분, 55분마다 측정하며, 학생 C는 15분, 30분, 45분, 60분마다 측정한다. 이렇게 측정하는 경우는 수업참여 행동이나 놀이상황과 같은 행동이 오랜 시간 지속되는가를 측정할 때 효과적이다.

시간 간격 / 학생	15분			30분			45분			60분			합계	행동 발생률
	5	10	15	20	25	30	35	40	45	50	55	60		
학생 A	−			+			−			+			2	50%
학생 B		+			+			−			+		3	75%
학생 C			−			−			+			+	2	50%

순간시간표집법은 앞서 설명한 것과 같이 측정해야 할 학생이 여러 명인 경우에도 관찰 기록을 할 수 있다는 이점이 있고, 한 학생의 여러 행동을 동시에 측정할 수 있다. 한 학생에게 나타나는 여러 유형의 행동을 관찰하기 위해 표적행동에 대한 조작적 정의 및 관찰 환경과 시간을 정한 후 순간시간표집을 할 수 있다. 학생의 행동 A는 자리이탈, 행동 B는 소리내기, 행동 C는 친구 괴롭히기 등과 정했다면 수업 시간 중 시간 간격별로 학생의 행동을 순간시간표집의 방법으로 관찰하여 기록할 수도 있다.

〈표 3-28〉 순간시간표집법 ③: 한 학생의 여러 행동관찰(부호형)

- 관찰일시: 2024년 4월 12일 09:50~10:40(50분)
- 대상 학생: 박동길
- 표적행동: 자리이탈(A), 소리내기(B), 친구 괴롭히기(C)
- 표적행동의 조작적 정의
  - 자리이탈: 자신의 자리를 1분 동안 이탈하는 행동
  - 소리내기: 주위 학생들이 들릴 정도의 소리를 내는 행동
  - 친구 괴롭히기: 다른 학생들에게 접근하여 신체적 터치를 하는 행동
- 매 5분 간격을 설정하고, 마지막 순간인 5분마다 관찰하여 발생한 행동 여부를 확인해 기록한다. 상동행동을 하는 경우 +, 하지 않은 경우 −로 표시한다. 관찰 후 학생마다 표시된 **+의 합**을 합계란에 작성한다. 행동 발생률은 '**행동 발생간격 수(+의 개수)÷전체간격 수×100**'으로 계산해 작성한다.

행동	1	2	3	4	5	6	7	8	9	10	합계	행동 발생률
행동 A	−	+	−	+	−	−	−	−	−	+	3	30%
행동 B	+	+	−	+	−	+	+	+	−	+	7	70%
행동 C	−	−	+	+	−	−	+	−	+	−	4	40%

제 4 장

기능평가

기능평가는 학생이 도전적 행동을 할 때 교사가 학생이 왜 그러한 행동을 하는지, 그렇게 하는 목적이 무엇인지를 알아보는 평가이다. 따라서 기능(function)은 도전적 행동의 이유이며, 그 기능을 통해 학생들은 결국 본인의 환경을 원하는 방향으로 변화시킨다.

기능평가를 하기 위해서는 먼저 맥락을 살펴볼 필요가 있다. 맥락을 살펴보기 위한 가장 좋은 방법은 서식 4-1의 ABC 기록이다. 동기사정척도인 MAS(Motivation Assessment Scale), QABF(Question About Behavioral Function)보다 더 우선적으로 ABC 기록은 간접적으로 영향을 주는 사건과 문제행동의 직접적인 사건, 그리고 행동문제와 그 행동문제를 유지시키는 후속결과를 종합적으로 볼 수 있기 때문이다.

서식 4-1. A-B-C 기록 서식을 살펴보자.

우선 학생명, 관찰일시, 관찰장소, 관찰자, 상황을 적는다. 이때 관찰자는 주로 자신이어야 한다. 상황에는 수업상황인지, 급식상황인지, 자유시간상황인지를 적는다.

Tip!

대부분 다른 사람이 관찰한 것을 듣고 A-B-C 기록을 하는 경우가 있는데 이는 정확하지 않다. 예를 들어, 관찰자가 보조인력이고 교사가 보조인력의 이야기만 듣고 A-B-C 보고양식을 기록할 때는 관찰에 대한 신뢰가 어렵다. 따라서 한 학생을 두고 보조인력도 함께 관찰한 내용을 남기고 싶다면, 보조인력이 A-B-C 기록을 직접 작성하여 교사의 기록과 보조인력의 기록을 함께 나누어 보고 평가한다.

- 관찰시간은 상황이 일어나기 전부터 상황이 끝난 시간까지 교사가 대상 학생을 관찰한 시간을 의미한다.
- 선행사건(A)에서는 문제행동 전 상황으로 대개 문제행동의 직접적 사건이다. 상황은 장소를 포함하여 작성한다. 대상 학생을 중심으로 그 상황에서의 주변 사람들인 교사, 또래, 보조인력의 행동을 각각 적으면 된다. 이때 관찰하지 못한 행동은 '미관찰'이라고 적는다.
- 행동(B)은 대상 학생의 행동만 적는 칸이다. 대상 학생의 행동을 적는 칸으로 대개는 표적행동이다. 행동을 적을 때는 구체적으로 적어야 한다. 예를 들어, '지시불이행'이나 '선생님이 지시한 것을 안 하려 한다'라기보다 '교사가 지시한 가방 정리를 하지 않는다'라고 구체적으로 적는다. 이를 조작적 정의라고 한다.
- 후속결과(C)는 문제행동 후의 상황으로 대상 학생이 행동(B)한 후에 그 행동을 유지시키는 후속결과로 볼 수 있으며 상황란에는 장소를 포함하여 행동(B)한 후의 상황을 적는다. 교사, 또래학생, 보조인력도 대상 학생의 행동(B)한 후 어떠한 행동을 각각 했는지 적는다. 이때 관찰하지 못한 행동은 '미관찰'이라고 적는다. 이때 후속결과(C)는 다시 대상 학생의 행동을 일으키는 선행사건(A')이 될 수 있다.

- 후속결과에 대한 학생 행동(B′)은 후속결과의 상황 후에 대상 학생이 어떠한 행동을 했는가에 대한 내용이다. 예를 들어, 후속결과에서 다들 가방정리를 완료하고 제자리에 앉는 상황이며 또래와 보조인력도 각자 자기자리로 돌아가 앉아 있고 교사만 대상 학생에게 근접하여 가방정리를 재지시하였다고 보고하고 있다. 그랬더니 학생이 가방을 정리하는 행동을 한 것으로 보고된다.

〈표 4-1〉 A-B-C 보고양식 예시

<table>
<tr><th>학생명</th><td colspan="3">김철수</td><th>관찰일시</th><td colspan="2">2023. 9. 13.</td></tr>
<tr><th>관찰장소</th><td colspan="3">복도</td><th>관찰자</th><td colspan="2">한 교사</td></tr>
<tr><th>상황</th><td colspan="6">등교 후 교실로 입실하는 복도에서의 상황</td></tr>
<tr><th>관찰시간</th><th colspan="2">선행사건(A)
문제행동 발생 전 상황</th><th>행동(B)
발생한
문제행동</th><th colspan="2">후속결과(C=A′)
문제행동 후 상황</th><th>후속결과에
대한
학생반응(B′)</th></tr>
<tr><td rowspan="4">08:30
~
09:00</td><td>상황</td><td>학생들이 등교하여 복도에서 교실로 입실하는 중</td><td rowspan="4">교사와 인사를 나눈 뒤 교실 이곳저곳을 살펴보면서 가방을 정리하지 않음</td><td>상황</td><td>다들 가방정리를 완료하고 제자리에 앉는 상황</td><td rowspan="4">가방을 정리함</td></tr>
<tr><td>교사</td><td>등교하여 입실하는 다른 학생들을 맞이하며 가방 정리를 지시함</td><td>교사</td><td>교사가 대상 학생에게 근접하여 가방정리를 재지시</td></tr>
<tr><td>또래
학생</td><td>교실로 들어와 가방을 정리하고 자리에 앉으려 함</td><td>또래
학생</td><td>가방 정리 후 자기자리에 앉아 있음</td></tr>
<tr><td>보조
인력</td><td>등교하여 입실하는 다른 학생들을 맞이하고 있음</td><td>보조
인력</td><td>자신의 자리에 앉아 보조함</td></tr>
</table>

서식 4-2. A-B-C 간편 행동관찰 기록지를 살펴보자.

서식 4-1의 A-B-C 보고양식을 기록하는 것이 익숙하다면, A-B-C 간편 행동관찰 기록지 및 요약문을 통해 학생의 행동을 보다 더 간단하게 기록할 수 있다.

A-B-C 간편 행동관찰 기록지에서는 앞서 서식 4-1의 A-B-C 보고양식을 통해 상황/장소, 선행사건, 행동, 후속결과, 그에 따른 학생의 반응을 기록할 수 있다. A-B-C 기록과 동시에 표적행동을 관찰할 수 있는 기록지이다.

A-B-C 간편 행동관찰 기록지의 상황/장소에는 자주 발생하는 구체적인 상황과 장소를 기입한다. 또한 선행사건에도 표적행동이 발생하는 선행사건을 목록화하여 기입한다. 행동은 서식 1-3에서와 같이 표적행동으로 나타나는 행동들을 기입하고, 후속결과에서도 자주 교사가 대응하는 행동을 목록화한다. 후속결과에 대한 학생반응에서는 후속결과에서 교사가 대응했을 때 이에 대한 학생반응이 어떻게 되었는지를 간략히 메모한다.

〈표 4-2〉 A-B-C 간편 행동관찰 기록지

<table>
<tr><th colspan="6">학생이름</th><td colspan="5">김철수</td><th colspan="7">관찰일시</th><td colspan="6">2023. 9. 13.</td></tr>
<tr><th colspan="6">관찰장소</th><td colspan="5">복도</td><th colspan="7">관찰자</th><td colspan="6">한 교사</td></tr>
<tr><th colspan="6">표적행동</th><td colspan="18">소리 지르기</td></tr>
<tr><th rowspan="2">시간</th><th colspan="5">상황/장소</th><th colspan="5">선행사건</th><th colspan="7">행동</th><th colspan="5">후속결과</th><th rowspan="2">후속결과에 대한 학생반응</th></tr>
<tr><th>등교입실</th><th>국어시간</th><th>급식시간</th><th>체육시간</th><th></th><th>수업 중</th><th>교사지시</th><th>또래가 다가올 때</th><th></th><th></th><th>소리지르기</th><th>머리때리기</th><th>자리이탈</th><th></th><th></th><th></th><th></th><th>무시</th><th>언어적 제지</th><th></th><th></th><th></th></tr>
<tr><td>1교시</td><td>✔</td><td></td><td></td><td></td><td></td><td></td><td>✔</td><td></td><td></td><td></td><td>✔</td><td></td><td></td><td></td><td></td><td></td><td></td><td>✔</td><td></td><td></td><td></td><td></td><td>소리 지르기 멈춤</td></tr>
<tr><td>2교시</td><td></td><td></td><td></td><td></td><td></td><td></td><td></td><td></td><td></td><td></td><td></td><td></td><td></td><td></td><td></td><td></td><td></td><td></td><td></td><td></td><td></td><td></td><td></td></tr>
<tr><td>3교시</td><td></td><td></td><td>✔</td><td></td><td></td><td></td><td>✔</td><td></td><td></td><td></td><td>✔</td><td></td><td></td><td></td><td></td><td></td><td></td><td>✔</td><td></td><td></td><td></td><td></td><td>소리 강도를 약하게 지름</td></tr>
</table>

Tip!

서식 4-2의 A-B-C 간편 행동관찰 기록지를 활용한 예시이다. 담임교사는 일과 중에 짬을 내어 간편 관찰 기록지를 이용하여 긍정적행동지원부 이상향 부장에게 제출하였다.

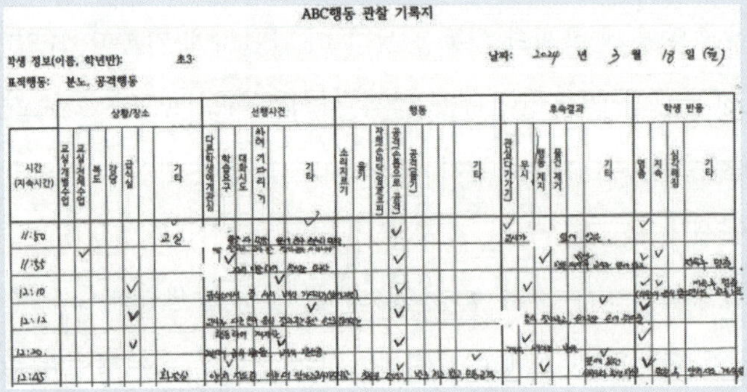

이러한 자료들을 이상향 부장은 서식 4-1의 A-B-C 보고양식에 다음과 같이 정리하였다.

A-B-C 보고양식					
이름	강해효		관찰일시	2024. 3. 11.~3. 18.	
관찰장소	교실 및 교내		관찰자	안현미	
상황	일과 중				
발생 일자 (시간)	상황/ 장소	선행사건(A) 문제행동 발생 전 상황	행동(B) 발생한 문제행동	후속결과(C) 문제행동 후 상황	학생반응
3/11 10:20	교실	개별지도/학습거부	소리 지르고, 울고, 자해(코피 날 때까지 때리기)	다가가서 행동 제지	자해 지속
12:45	복도	신발 신으라고 지시	손으로 교사 머리채 잡음	행동제지	심각해짐
3/13 9:10	감각통합실	번호키를 만져서 소변 의사를 물어보고 화장실에 데리고 감	손톱으로 실무사를 긁음	다시 감통실로 감	멈춤
9:45	감각 통합 통실	해효가 더워 보여서 창문을 염	소리 지르고 울다가 손바닥으로 얼굴을 때리고, 옆 사람 공격	행동제지	행동이 심각해져서 심리안정실 이용하였으나 진정이 잘 안됨
11:03	교실	교사용 책상에 다가와서 자리에 앉으라고 지도	책상을 밀어서 넘어뜨리기	행동제지	행동지속

또한 이 자료 안에 적혀 있는 날짜와 시간으로 서식 2-2의 산점도를 작성하여 학생의 도전적 행동이 일어나는 시기를 알아보고 행동의 패턴과 이유를 찾아보고자 하였다.

<table>
<tr><th colspan="7">산점도(표적행동 발생 시간 측정표)</th></tr>
<tr><td colspan="2">학생명</td><td colspan="2">강해효</td><td>관찰자</td><td colspan="2">안현미</td></tr>
<tr><td colspan="2">표적행동</td><td colspan="5">• 자해행동(I) • 지시불이행(O) • 타해(K) • 신체접촉(S)</td></tr>
<tr><td colspan="2">일정 / 날짜</td><td rowspan="2">3/11</td><td rowspan="2">3/13</td><td rowspan="2">3/14</td><td rowspan="2">3/15</td><td rowspan="2">3/18</td></tr>
<tr><td>시간</td><td>일과(시간표)</td></tr>
<tr><td>8:40~9:10</td><td>등교</td><td></td><td></td><td></td><td>K, K</td><td>I, K</td></tr>
<tr><td>9:10~9:50</td><td>1교시</td><td></td><td></td><td></td><td></td><td></td></tr>
<tr><td>9:50~10:00</td><td>쉬는 시간</td><td></td><td></td><td></td><td></td><td></td></tr>
<tr><td>10:00~10:40</td><td>2교시</td><td>I</td><td></td><td></td><td>K, K, K</td><td>K, K, K, K</td></tr>
<tr><td>10:40~10:50</td><td>쉬는 시간</td><td></td><td></td><td></td><td></td><td></td></tr>
<tr><td>10:50~11:30</td><td>3교시</td><td></td><td>K, I, K</td><td></td><td></td><td></td></tr>
<tr><td>11:30~12:20</td><td>점심시간</td><td></td><td>K, K, K</td><td>K, K, K, I</td><td>K, K, K</td><td>K, K, K, K</td></tr>
<tr><td>12:20~13:00</td><td>4교시</td><td></td><td></td><td></td><td>K, K</td><td>K</td></tr>
<tr><td>13:00~13:10</td><td>쉬는 시간</td><td></td><td></td><td></td><td></td><td>K, K, K</td></tr>
<tr><td>13:10~13:50</td><td>5교시</td><td></td><td></td><td></td><td></td><td></td></tr>
<tr><td>13:50~14:00</td><td>쉬는 시간</td><td></td><td></td><td></td><td></td><td></td></tr>
<tr><td>14:00~14:40</td><td>6교시</td><td>K, I</td><td></td><td></td><td></td><td></td></tr>
<tr><td>14:40~14:50</td><td>쉬는 시간</td><td></td><td></td><td></td><td></td><td></td></tr>
<tr><td>14:50~15:30</td><td>7교시</td><td></td><td></td><td></td><td></td><td></td></tr>
<tr><td colspan="2">표적행동 횟수</td><td>3</td><td>6</td><td>4</td><td>10</td><td>14</td></tr>
</table>

산점도를 살펴보면 강해효 학생은 주로 점심시간에 많은 타해행동과 자해행동을 보이는 것이 눈에 띈다. 교사는 점심시간에 일어나는 특정하게 다른 상황과 행동유발 요인을 살펴볼 필요가 있을 것이라 생각하였다. 마지막으로 이 자료에서 헤아려지는 도전적 행동(타해 및 자해행동)으로 기초선 그래프를 그려 강해효 학생의 행동의 변화 추이를 살펴보았다.

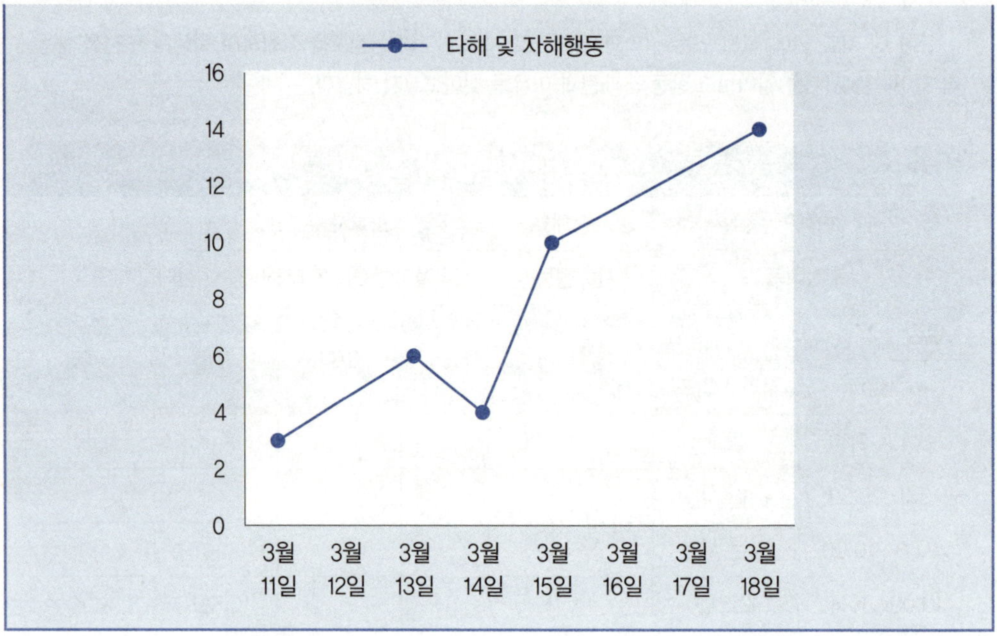
타해 및 자해행동
16
14
12
10
8
6
4
2
0
3월 11일
3월 12일
3월 13일
3월 14일
3월 15일
3월 16일
3월 17일
3월 18일

서식 4-3. A-B-C 요약문을 살펴보자.

다음 A-B-C 요약문을 살펴보자. 선행사건은 간접적으로 영향을 주는 배경사건과 문제행동에 직접적인 영향을 주는 문제행동 예측사건으로 구체화될 수 있다. 간접적으로 영향을 주는 사건에는 학생의 컨디션이나 표적행동이 일어나기 전의 상황보다 더 전의 상황, 혹은 질병이나 계절 등의 다양한 상황일 수 있다.

Tip!

학생이 자리에 앉아 국어수업을 듣는 시간이 지속되자 자리에서 이탈하는 행동을 보인다면, 국어시간 전 일과표에 따른 상황을 확인할 필요가 있다. 일과표에 국어시간 전 미술시간이나 수학시간에서도 앉아 있는 수업이 계속 지속되었을 경우 자리이탈이 더 심해진다는 것이 확인될 수 있다. 이때 선행사건은 자리에서 앉아 수업을 듣는 국어수업이겠지만, 배경사건은 자리를 더욱 이탈하게 만든 간접적 사건인 자리에 앉아 수업했던 미술수업이나 수학수업이 배경사건이 된다.

A-B-C 보고양식에서 행동은 서식 2-1의 표적행동 우선순위척도에서 정해진 표적행동이다. 따라서 표적행동을 중심으로 간접적 영향을 주는 사건과 직접적 영향을 주는 사건, 그리고 표적행동과 행동을 유지시키는 후속결과로 맥락적으로 요약하는 것이다.

행동을 유지시키는 후속결과란에는 행동이 일어난 이후에 주변인들의 반응을 적는 것으로 주로 주변인들이 어떻게 행동했는지에 따라 표적행동이 다시 일어날 계기가 되는 사건이다.

학생의 반응은 행동을 유지시키는 결과에 따라서 다시 이어지는 학생의 행동이다.

〈표 4-3〉 A-B-C 요약문 예시

간접적으로 영향을 주는 사건	선행사건 (문제행동 예측사건)	행동	행동을 유지시키는 후속결과	학생의 반응
국어시간 전 자리에 앉아 있는 수업이 지속된 경우	자리에 앉아서 활동하는 국어 수업	자신의 자리를 이탈함	교사가 자리에 앉으라고 지시하기 위해 학생에게 다가감	학생이 다른 자리로 도망감

서식 4-4. 동기사정척도(MAS)를 살펴보자.

동기사정척도(Motivation Assessment Scale: MAS)는 학생의 특정행동이 어떤 상황에서 발생할 가능성이 큰지 알아보기 위한 설문지로, 표적행동에 따라 작성해야 한다. 작성 시에는 학생명과 평가자, 평가날짜, 평가장소, 표적행동을 적는다.

〈표 4-4〉 동기사정척도(MAS) 예시

학생명	김철수	관찰일시	2023. 9. 13.
관찰장소	복도	관찰자	한 교사
표적행동	소리 지르기		

Tip!

A-B-C 기록과 같이 동기사정척도(MAS)도 표적행동에 따라 평가자에 의해 작성해야 하며, 다른 사람의 보고는 제외한다. 평가의 날짜와 평가의 장소는 관찰된 날짜와 장소이다. 따라서 표적행동을 관찰하였을 때, 맥락을 잘 관찰하여 각 문항을 읽고 평가하는 서식이다.

관찰날짜와 관찰장소는 표적행동이 발생하여 관찰한 날짜와 장소를 의미한다.

표적행동의 경우 2-1의 표적행동 우선순위척도에 의해 정해진 표적행동을 중심으로 작성한다. 표적행동이 2개 이상의 경우에는 각 표적행동별로 동기사정척도를 한다. 그 아래의 구분, 합계, 평균, 상대순위는 문항을 먼저 확인하고 살펴보도록 하자.

우선 문항부터 살펴보자. 문항은 1번 문항부터 16번 문항까지 구성되어 있다. 각 문항에 따라 전혀 그렇지 않음(0점)부터 항상 그러함(6점)까지 리커트 척도로 구성되어 있다. 따라서 점수의 범위는 0점에서 96점까지이다.

Tip!

각 문항을 잘 읽어 보고 앞서 작성한 표적행동이 문항별 상황에서 일어나는가를 묻는 것임을 지속적으로 이해하여 작성하도록 유의해야 한다.

문항 8번의 경우 철회는 좋아하는 장난감을 가지고 있거나, 좋아하는 음식을 먹고 있거나, 혹은 좋아하는 활동을 하고 있을 때 그것을 그만하라(철회)고 하면 표적행동이 일어나는지를 물어보는 문항이다.

문항 10번의 경우, 어떤 것을 학생에게 요구할 때, 학생이 자신에게 요구하는 사람을 표적행동을 하여 당황스럽게 하는 경우가 있는지를 물어보는 문항이다.

문항 8번은 이미 자신이 좋아하는 것이 주어진 상태에서의 철회를 의미하며, 문항 16번의 경우 이미 주어진 상태는 아니지만, 그것을 할 수 없다는 말을 들었을 때의 상황을 의미하는 것이다.

문항을 다 체크하였으면 다시 동기사정척도(MAS)의 첫 장으로 돌아와서 결과를 적는 칸을 살펴보자. 결과에는 구분, 합계, 평균, 상대순위가 있다.

〈표 4-5〉 각 기능별 결과 예시

문항: 감각: 1, 5, 9, 13/회피: 2, 6, 10, 14/관심: 3, 7, 11, 15/선호물건 · 활동: 4, 8, 12, 16								
구분	감각		회피		관심		선호물건 · 활동	
	1	2	2	3	3	0	4	3
	5	3	6	3	7	1	8	3
	9	3	10	2	11	2	12	3
	13	2	14	2	15	1	16	3
합계	10		10		4		12	
평균	2.5		2.5		1		3	
상대순위	2		2		4		1	

- 구분에서 감각, 회피, 관심, 선호물건·활동은 표적행동의 주요 기능을 의미한다. 감각은 감각자극을 추구하는 것이며, 회피는 과제나 요구를 하기 싫어하는 것이고, 관심은 교사나 또래의 주변 사람들의 관심 받기를, 선호물건·활동은 학생이 좋아하는 물건이나 활동을 달라는 이유로 표적행동을 한다는 것을 의미한다.
- 각 기능 아래의 번호는 문항번호를 의미하며, 합계는 각 기능 아래의 번호를 모두 더한 원점수를 의미한다. 예를 들어, 감각 아래 1, 5, 9, 13의 문항은 감각에 대한 문항이며 합계 칸에 1, 5, 9, 13의 문항의 각 점수를 합계한 점수를 적는 것이다. 만약 감각의 합계가 1번이 2점, 5번이 3점, 9번이 3점, 13번이 2점인 경우, 합계란에는 2+3+3+2=10이 되어 합계가 10이 된다.

참고

각 문항에서 1번, 5번, 9번, 13번의 문항은 감각추구에 해당되는 문항이며, 2번, 6번, 10번, 14번은 회피에 대한 문항이다. 또한 3번, 7번, 11번, 15번은 관심에 해당되는 문항이며 4번, 8번, 12번, 16번은 선호물건 · 활동에 해당하는 문항이다.

- 평균은 각 기능에 따른 합계를 문항의 개수인 4로 나누어 계산한 값을 적는 것이며, 따라서 각 기능에 따라 각각 계산되어 작성된다. 예를 들어, 감각의 합계가 1번이 2점, 5번이 3점, 9번이 3점, 13번이 2점인 경우, 합계는 10이 되며 평균은 10÷4=2.5로 평균은 2.5가 된다. 나머지 기능들도 똑같은 방식으로 합산하여 계산한다.
- 상대순위는 합계나 평균을 보고 가장 높은 점수부터 순위를 매기는 것을 뜻한다. 이때 합계나 평균이 같은 경우 같은 순위를 매긴다. 예를 들어, 감각이 평균 2.5, 회피가 평균 2.5, 관심이 1, 선호물건·활동이 3인 경우, 선호물건·활동이 상대순위 1위이고, 그다음 감각과 회피가 평균 순위 2이며, 관심이 평균순위 3이 된다.

Tip!

기능이 같은 경우나 기능 간 평균의 차가 크지 않는 경우에는 A-B-C 보고와 A-B-C 요약문을 통해 파악된 기능을 다시 확인하여 주요기능을 파악한다. 즉, 동기사정척도(MAS)보다는 오히려 ABC 보고가 기능을 파악하는 데 더 신뢰할 수 있으므로 두 가지를 모두 활용하여 합리적 의사결정을 하는 것이 필요하다.

활용 시 유의점 및 예시

교사들은 학생의 도전적 행동과 마주하여 기능을 파악하기 위하여 노력할 때 여러 가지 기능이 있을 것이라는 전제를 두기 때문에 설문지의 어떠한 질문에도 선뜻, 0점을 주지 못하기도 한다. 다음은 그러한 오류의 예이다. 한고민 교사는 자신의 반에 있는 공격행동을 하는 학생에 대한 고민이 깊었다. 고민을 털어놓자 먼저 긍정적 행동지원 부장은 동기사정척도(MAS)의 설문지를 주고 작성해 달라고 부탁하였고, 작성을 시작하였다. 그리고 산점도를 파악하여 행동이 많이 나타나는 시간대 영상을 찍어 학생의 행동관찰을 하며 함께 ABC를 분석하였다. 이상향 부장은 MAS 결과에 비하여 ABC 분석 결과에서의 결과가 상이한 점에 대해서 문제행동의 기능이 '관심' 기능인지 다시 한번 데이터를 재검토하였다. 이때, 특정하였던 표적행동인 '또래나 선생님의 머리채를 잡아채는 행동'을 떠올리며 표적행동 중심으로 기능을 평가한 것이 맞는지를 확인하였다. 한고민 교사가 생각해 보니 그저 학생을 떠올리며 작성하였지 딱히 그 행동만을 특정한 것인지 분명치 않았다. 이상향 부장은 표적행동 부분에 아이의 행동을 넣어서 읽어보라고 권하였다. 즉, 1번 문항에 대답할 때, '○○ 학생의 머리채를 잡아채는 행동'은 학생이 오랜 시간 혼자 있을 때 계속적으로 반복해서 나타납니까?'로 생각하는 것이다.

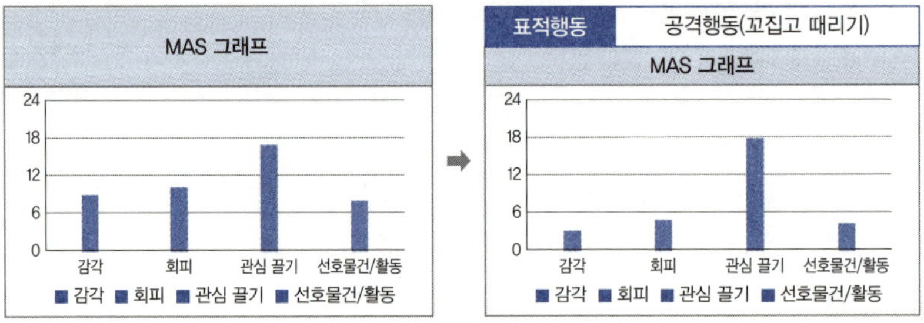

교사가 설문지의 모든 문항에 선뜻 낮은 점수를 주지 못하는 것은 학생의 도전적 행동의 빈도와 강도가 심한 경우 주로 나타난다. 그러나 이렇게 작성하는 경우, 기능이 명확히 구별되지 않게 되어 검사 결과가 혼란을 초래하기도 한다. 물론 때로 하나의 문제행동으로 여러 가지 기능을 한꺼번에 해결하는 학생이 있기도 하지만 그러한 경우와 달리 교사가 심각성에 의지해 문항 체크를 하는 경우가 있을 수 있다. 따라서 위의 예처럼 문항을 풀 때, 표적행동을 떠올리며 문장 안에 넣어서 읽으며 문항을 해결하면 그런 오류를 방지할 수 있다.

〈표 4-6〉 동기사정척도의 체크리스트 예시

문항	전혀 그렇지 않음	거의 그렇지 않음	보통 그렇지 않음	중간 정도 그러함	대개 그러함	거의 항상 그러함	항상 그러함
1. 위의 표적행동은 학생이 오랜 시간 혼자 있을 때 계속적으로 반복해서 일어납니까?	0	1	②	3	4	5	6
2. 위의 표적행동은 어려운 과제를 수행하기를 요구한 후 일어납니까?	0	1	2	③	4	5	6
3. 위의 표적행동은 다른 사람들과 이야기하고 있을 때 일어납니까?	⓪	1	2	3	4	5	6
4. 위의 표적행동은 전에 학생이 가질 수(먹을 수/할 수) 없다고 들은 적이 있는 장난감(음식/활동)을 갖기 위해 일어납니까?	0	1	2	③	4	5	6
5. 위의 표적행동은 주위에 아무도 없으면 아주 오랜 시간 동안 반복적으로 일어납니까?(예: 1시간 이상 동안 상체를 앞뒤로 흔듦)	0	1	2	③	4	5	6
6. 위의 표적행동은 학생에게 어떤 요구를 할 때 일어납니까?	0	1	2	③	4	5	6
7. 위의 표적행동은 학생에게 관심을 주지 않을 때마다 일어납니까?	0	①	2	3	4	5	6
8. 위의 표적행동은 학생이 좋아하는 장난감이나, 음식 혹은 활동을 철회할 때마다 일어납니까?	0	1	2	③	4	5	6
9. 학생은 맛보거나, 바라보거나, 냄새 맡거나, 듣는 것을 좋아합니까?	0	1	2	③	4	5	6
10. 어떤 것을 요구할 때, 학생은 상대방을 당황스럽게 하는 행동을 합니까?	0	1	②	3	4	5	6
11. 관심을 주지 않을 때, 학생은 상대방을 당황스럽게 하는 행동을 합니까?	0	1	②	3	4	5	6
12. 위의 표적행동은 학생이 요구한 장난감이나 음식이나 혹은 활동을 제공한 후 곧 중지됩니까?	0	1	2	③	4	5	6
13. 위의 표적행동이 발생할 때, 학생은 주위에서 일어나는 일을 의식하지 못합니까?	0	1	②	3	4	5	6
14. 위의 표적행동은 학생의 요구를 들어준 후 곧(1~5분 내) 중지됩니까?	0	1	②	3	4	5	6
15. 위의 표적행동은 상대방과 함께 시간을 보내기 위하여 발생합니까?	0	①	2	3	4	5	6
16. 위의 표적행동은 학생이 원하는 일을 할 수 없다는 말을 들었을 때 일어납니까?	0	1	2	③	4	5	6

서식 4-5. 행동기능설문지(QABF)를 살펴보자.

행동기능설문지(Question About Behavioral Function: QABF)에서 학생명과 작성자 이름을 적고 날짜를 적는다. 그 아래에는 표적행동을 적는다.

설문지의 문항은 총 25문항으로 구성되어 있으며 각 상황에 대해 학생이 얼마나 자주 목표행동을 보이는지에 대해 점수를 부여하도록 되어 있다. 점수는 0점에서 3점으로 4점 리커트 척도로 구성되었으며, 각 기능에 따라 점수의 범위는 0점에서 15점으로 구성된다.

문항에서 해당사항이 없는 경우는 ×로 표시하며 0점은 전혀 아님, 1점은 가끔씩 발생, 2점은 종종 발생, 3점은 자주 발생으로 해당되는 점수를 문항에 맞게 표시한다.

〈표 4-7〉 행동기능설문지(QABF)

<table>
<tr><td>학생명</td><td colspan="6">김영광</td></tr>
<tr><td>작성자</td><td colspan="2">한 교사</td><td colspan="2">날짜</td><td colspan="2">2023년 9월 15일</td></tr>
<tr><td>표적행동</td><td colspan="6">머리 때리기</td></tr>
<tr><td colspan="7">제시되는 각 상황에 평가 대상자가 얼마나 행동을 보이는지에 대한 점수를 선택하시오.
어떠한 대답이 적절할지에 대한 대답이 아니라 목표행동이 얼마나 자주 일어나는지에 대한 점수를 적어야 한다.</td></tr>
<tr><td>×(해당 없음)</td><td colspan="2">○(전혀 아님)</td><td>1(가끔씩 발생)</td><td colspan="2">2(종종 발생)</td><td>3(자주 발생)</td></tr>
<tr><td colspan="7">행동기능평가 문항</td></tr>
<tr><td colspan="2">1. 학생은 관심을 끌기 위해 행동을 한다.</td><td>3</td><td></td><td></td><td></td><td></td></tr>
<tr><td colspan="2">2. 학생은 일하는 상황이나 학습상황에서 벗어나기 위해 행동을 한다.</td><td></td><td>2</td><td></td><td></td><td></td></tr>
<tr><td colspan="2">3. 학생은 '자기자극'의 형태로 행동을 한다.</td><td></td><td></td><td>3</td><td></td><td></td></tr>
<tr><td colspan="2">4. 학생은 아픔을 느낄 때 행동을 한다.</td><td></td><td></td><td></td><td>1</td><td></td></tr>
<tr><td colspan="2">5. 학생은 좋아하는 장난감, 음식, 음료수와 같이 어떤 물건을 가지기 위해서 행동을 한다.</td><td></td><td></td><td></td><td></td><td>0</td></tr>
<tr><td colspan="2">6. 학생은 꾸중 듣기를 즐겨하기 때문에 행동을 한다.</td><td>1</td><td></td><td></td><td></td><td></td></tr>
</table>

7. 학생은 옷 입기, 이 닦기, 일하기 등 어떤 과제를 수행하라고 했을 때 행동을 한다.		1			
8. 학생은 방 안에 아무도 없어도 혼자서 행동을 한다.			2		
9. 학생은 아플 때 더 많이 행동을 한다.				3	
10. 학생으로부터 어떤 물건을 제거하면 행동을 한다.					1
11. 학생 자신에게 관심을 끌기 위해 행동을 한다.	3				
12. 학생은 특정 과제를 수행하기 싫어서 행동을 한다.		3			
13. 학생은 아무것도 할 것이 없을 때 행동을 한다.			2		
14. 학생 자신에게 무엇인가 물리적/신체적으로 귀찮게 할 때 행동을 한다.				1	
15. 학생은 원하는 물건을 당신이 가지고 있을 때 행동을 한다.					1
16. 학생은 당신의 반응을 보고 싶어서 행동을 한다.	3				
17. 학생은 다른 사람들로부터 혼자 있고 싶어서 행동을 한다.		0			
18. 학생은 주변의 상황을 무시하며 심하게 반복행동을 한다.			2		
19. 학생은 신체적으로 불편할 때 행동을 한다.				1	
20. 학생은 원하는 물건을 또래가 가지고 있을 때 행동을 한다.					0
21. 학생의 행동은 "여기 와서 나를 봐." "나를 바라봐."라고 이야기하는 것 같다.	2				
22. 학생의 행동은 "혼자 내버려 둬." "무엇을 하라고 하지 마."라고 이야기하는 것 같다.		1			
23. 학생이 혼자 있어도 그 행동을 즐기는 것 같다.			2		
24. 학생의 행동은 아프다는 것을 말하는 것 같다.				2	
25. 학생의 행동은 장난감, 음식, 특정 물건을 달라고 하는 것 같다.					x
심각도	12	7	11	8	2

Timothy R. Vollmer & Johnny L. Matson **QABF** Questions About Behavior Function	평정자	한 교사	날짜	2023. 9. 15.
	ID 번호	230012	학생 이름	김영광
	나이	13	성별	남

관심습득 기능	관심습득 기능/심각도	회피 기능	회피 기능/심각도	비사회적 기능	비사회적 기능/심각도	신체적 기능	신체적 기능/심각도	강화물습득 기능	강화물습득 기능/심각도
⑤	15	5	15	⑤	15	⑤	15	5	15
	14		14		14		14		14
	13		13		13		13		13
4	⑫	④	12	4	12	4	12	4	12
	11		11		⑪		11		11
	10		10		10		10		10
3	9	3	9	3	9	3	9	3	9
	8		8		8		⑧		8
	7		⑦		7		7		7
2	6	2	6	2	6	2	6	②	6
	5		5		5		5		5
	4		4		4		4		4
1	3	1	3	1	3	1	3	1	③
	2		2		2		2		2
	1		1		1		1		1
0	0	0	0	0	0	0	0	0	0
Y 1. 관심 Y 6. 꾸중 Y 11. 관심 끌기 Y 16. 반응 끌기 Y 21. "여기 와."	3 1. 관심 1 6. 꾸중 3 11. 관심 끌기 3 16. 반응 끌기 2 21. "여기 와."	Y 2. 회피 Y 7. 일을 시킴 Y 12. 일을 싫어함 N 17. 혼자 Y 22. "혼자 내버려 둬."	2 2. 회피 1 7. 일을 시킴 3 12. 일을 싫어함 0 17. 혼자 1 22. "혼자 내버려 둬."	Y 3. 자기자극 Y 8. 혼자 행동 Y 13. 할 일 없을 때 Y 18. 반복행동 Y 23. 혼자서 즐김	3 3. 자기자극 2 8. 혼자 행동 2 13. 할 일 없을 때 2 18. 반복행동 2 23. 혼자서 즐김	Y 4. 고통 Y 9. 아픔 Y 14. 신체적 문제 Y 19. 불편함 Y 24. 아파서 불편	1 4. 고통 3 9. 아픔 1 14. 신체적 문제 1 19. 불편함 2 24. 아파서 불편	N 5. 물건 습득 Y 10. 물건을 치울 때 Y 15. 당신이 물건을 지님 N 20. 또래가 물건을 지님 N 25. "그거 주세요."	0 5. 물건 습득 2 10. 물건을 치울 때 1 15. 당신이 물건을 지님 0 20. 또래가 물건을 지님 × 25. "그거 주세요."

설문지에 문항에 각각의 점수를 다 기입했다면, 이제 차트를 보자. 차트에서는 동기사정척도(MAS)와 달리 4개의 기능이 아닌 5개의 기능으로 구성되어 있다. 5개의 기능은 관심습득 기능, 회피 기능, 비사회적 기능, 신체적 기능, 강화물 기능이다. 그리고 각 기능의 아래에는 그 기능에 해당되는 문항번호가 있다. 그리고 각 기능 옆에는 그 기능에 대한 기능/심각도가 있다.

참고

각 문항은 아래와 같이 각 기능에 속해 있다.

관심습득 기능	회피 기능	비사회적 기능	신체적 기능	강화물습득 기능
문항 1. 관심	문항 2. 회피	문항 3. 자기자극	문항 4. 고통	문항 5. 물건 습득
문항 6. 꾸중	문항 7. 일 시킴	문항 8. 혼자 행동	문항 9. 아픔	문항 10. 물건 치울 때
문항 11. 관심 끌기	문항 12. 일 싫어함	문항 13. 할 일 없을 때	문항 14. 신체적 문제	문항 15. 당신이 물건을 지님
문항 16. 반응 끌기	문항 17. 혼자	문항 18. 반복행동	문항 19. 불편함	문항 20. 또래가 물건을 지님
문항 21. "여기 와."	문항 22. "혼자 내버려 둬."	문항 23. 혼자서 즐김	문항 24. 아파서 불편	문항 25. "그거 주세요."

이제 점수를 기입해 보자. 앞에서 작성한 설문지 문항을 보면서 해당되는 부분에 점수를 기입한다. 이때 제일 먼저 각 기능에 따른 기능/심각도에 우선적으로 문항에 값을 기입한다. 예를 들어, 1번 문항이 3점이면 관심습득 기능/심각도의 1. 관심 앞 밑줄에 3이라고 기입하면 된다. 이렇게 각 문항에 따라 기능/심각도를 채워 나간다.

기능 아래의 문항번호를 이제 기입해 보자. 기능/심각도의 문항점수가 ×(해당 없음)이거나 0점(전혀 아님)인 경우 N(No)으로 표기를 하며 1점(가끔씩 발생)이나 2점(종종 발생), 3점(자주 발생)은 Y(Yes)로 표기를 한다. 예를 들어, 1번 문항이 3점이면 관심습득 기능/심각도의 '1. 관심' 앞 밑줄에 3이라고 기입하고 관심습득 기능의 아래 '1. 관심' 앞 밑줄에 Y라고 기입한다. 만약 1번 문항이 0점이면 관심습득 기능/심각도의 '1. 관심' 앞 밑줄에 0이라고 기입하고 관심습득 기능의 아래 '1. 관심' 앞 밑줄에 N

이라고 기입한다.

각 문항에 기입이 완료가 되었다면 각 기능이나 기능/심각도에 따라 점수를 합산하여 위의 차트에 해당되는 숫자에 동그라미로 표시한다. 예를 들어, 관심습득 기능이 1번, 6번, 11번, 21번에 Y가 표시되어 있다면 총 4개이므로 관심습득 기능 숫자 4에 동그라미를 표시한다. 또한 관심습득 기능/심각도에서 1번, 6번, 11번, 21번에 Y라고 표시되어 있고 1번은 3점, 6번은 2점, 11번은 3점, 21번은 1점이라면 점수는 3+2+3+1=9가 되므로 관심습득 기능/심각도에 숫자 9에 동그라미 표시한다. 그다음 각 기능에 따른 점수 동그라미까지 막대그래프로 표시한다.

서식 4-6. 기능평가 인터뷰 양식(FAI)에 대해 살펴보자.

기능평가 인터뷰 양식(Functional Assessment Interview: FAI)은 도전적 행동에 대한 정보를 수집하기 위한 양식으로 주로 부모나 주양육자에게 정보를 받거나, 교사가 학생을 관찰하면서 정보를 수집하는 양식이다. 기능평가 인터뷰 양식은 여러 가지 양식이 있지만, 본 양식에서는 Arkansas Behavior Support Specialists에서 O'Neill, Albin, Storey, Horner 그리고 Sprague(2015)[1]의 FAI를 발췌 후 번역하여 재구성하였다.

학생명과 만 나이를 적고 평가자인 면접자의 이름을 적는다. 면접날짜는 부모나 담임교사에게 정보를 받은 날짜이다. 또한 보고자는 부모나 교사가 될 수 있다.

문항 1-(1)에는 현재 나타나는 표적행동을 기술한다. 앞서 서식 1-3의 학생의 도전적 행동 관련 정보에 적힌 현재 나타나는 행동별로 빈도, 지속시간, 강도를 기록한다. 이때 행동은 공격행동일 수 있고, 형태는 주먹으로 친구를 때린다일 수 있다.

빈도와 지속시간을 적을 때는 단위를 적어 준다. 예를 들어, 빈도는 회, 지속시간은 초, 분, 시간으로 적는다. 강도를 적을 때는 '약하게' '심하게'와 같은 표현보다는 '밖에서 소리가 들릴 정도로' '멍이 들 정도로'와 같이 관찰되는 용어로 적어 준다.

Tip!

소리의 경우 dB(데시벨)이라는 용어로 측정될 수 있는데 소리를 측정하는 애플리케이션을 통해 dB을 측정할 수 있다. 또한 강도기준표를 만들어 두면 수준 1, 수준 2 등으로 분류화해서 코드화할 수도 있다.

---

1) O'Neill, R. E., Albin, R. W., Storey, K., Horner, R. H., & Sprague, J. R. (2015). *Functional Assessment Interview Form(FAI).*

- 문항 1-(1)의 표적행동을 기술하였다면, 1-(2)를 살펴보자. 여기서는 앞서 문항 1-(1)에서 기술된 행동들 중에 동시적으로나 연쇄적으로 일어나는지를 살펴보는 것이다. 예를 들어, 문항 1-(1)에서 '학생이 소리를 지른다'와 '학생이 교사를 발로 찬다'의 두 가지의 행동이 상황에서는 '학생이 소리를 질러서 교사가 조용히 하라고 언어적으로 제지하자, 학생이 교사를 발로 찬다'면 연쇄적으로 일어나는 행동이다. 또한 '소리 지르는 행동을 하면서 교사를 발로 찬다'라면 동시적으로 일어나는 행동이 될 수 있다. 이렇게 행동의 유관을 살펴보는 것이 문항 1-(2)이다.
- 문항 2의 경우에는 행동을 발생시키거나 예측 가능하게 하는 환경적 사건을 기록하는 것이다. 따라서 약 복용에 대한 정보나 의학적이거나 신체적 문제, 수면 패턴이나 식습관에 관련된 정보를 기재하는 것이다. 따라서 이 문항의 경우에는 부모나 주양육자의 협조가 필요하다.
- 문항 3의 경우는 학생이 할 수 있는 행동 중에 문제행동과 기능적으로 같은 대체행동이 있는지를 알아보는 것이다. 기능적이라는 말은 이유가 같다는 뜻이기도 하다. 따라서 학생이 이미 수행할 수 있는 사회적으로 적절한 행동이나 기술(skill) 중에 문제행동을 했을 때와 동일한 결과나 보상을 받을 수 있는 행동들이 있는지를 물어보는 것이다. 예를 들어, 교사에게 지시 따르기를 거부하기 위하여 교사를 때리는 행동을 보이는 학생의 경우 그 학생이 어떤 상황에서는 거부를 위해 고개를 가로 젓거나 손바닥을 교사에게 내밀며 휘젓는 제스처를 한다면 그 행동을 적는다.
- 문항 4는 학생이 타인과 의사소통하는 방식을 적는 것으로 문항 4-(1)에서는 주된 의사소통 방식이 무엇인지 적는다. 말, 수화/제스처, 의사소통판/책, 전자장치 등 주로 타인과 상호작용할 때 의사소통을 하는 방식을 묻는 것이다. 다양하게 사용한다면 그 다양한 방법 모두 기재가 가능하다.
- 문항 4-(2)는 의사소통에 따른 행동들이 나열되어 있다. 각각의 기능에 따라 학생이 의사소통방식을 어떻게 표현하는지 해당하는 행동들을 ✓ 표시하면 된다. 예를 들어, 관심을 요청할 때 이 학생은 교사 손을 끌고 간다면 '손 끌고 가기'에 ✓ 표시한다. 만약 관심요청을 할 때 두 가지의 행동인 '손 끌고 가기'나 '상대방에게 가까이 가기'를 한다면 이 두 가지 행동에 대해 ✓ 표시를 할 수 있다.

• 문항 5에서는 학생과 함께 활동하거나 학생을 지원해 줄 때 반드시 해야 하는 일과 피해야 하는 일을 적는 것으로 5-(1)에서는 수업 시간이나 활동 전, 원활한 진행을 위해 개선이 필요한 것을 적고 5-(2)에서는 수업 시간이나 활동 전, 방해받지 않기 위해 피해야 하는 것들을 적는다. 예를 들어, 5-(1)에서는 학생과 함께 활동할 때는 꼭 미리 안내를 해야 한다거나, 아니면 차량 이동 시 맨 앞좌석에 앉힌다는 것처럼 활동 전에 꼭 해야 하는 것들을 적고, 5-(2)에서는 수업 시간 전에 큰 소리를 내지 않는다 혹은 가까이 다가가지 않는다와 같이 큰소리를 피하거나 근접을 피하는 등이 그 예이다.

〈표 4-8〉 기능평가 인터뷰 양식(FAI)

학생명(나이)	김영광(만 15세)		
면접자 이름	김 교사	면접날짜	2023. 3. 17.
보고자 이름 (학생과의 관계)	한 교사(담임)		

1. 현재 나타나는 표적행동을 기술하십시오.

(1) 1-3의 학생의 도전적 행동 관련 정보에 적힌 현재 나타나는 행동별로 빈도, 지속시간, 강도를 기록해 주십시오.

	행동	형태	빈도	지속시간	강도
1	공격행동	교사를 주먹으로 때리기	4회	1~3초/회	멍이 들 정도
2	자해행동	머리 때리기	5회	1~3초/회	퍽 소리가 날 정도
3	방해행동	소리 지르기	1회	10분/회	옆 교실에 들릴 정도

(2) 위에 기술한 행동들 가운데 함께 발생하는 행동들이 있으면 기록해 주십시오. 동시에 일어납니까? 순서대로(연쇄적으로) 일어납니까? 유사한 상황에 대한 반응으로 일어납니까?

소리 지르기를 하다가 교사가 제지하면 교사를 주먹으로 때리는 행동이 연쇄적으로 일어남

2. 행동을 발생시키거나 예측 가능하게 하는 환경적 사건을 기록해 주십시오.

(1-1) 약 복용 시 최근 약물을 변경한 경우가 있습니까?

(1-2) 있다면, 어떤 이유로 약물을 변경하였습니까?(해당 사항 없을 시 없음으로 기재 요망)

해당 없음

(2) 학생의 행동에 영향을 주는 것으로 생각되는 의학적 문제나 신체적 문제가 있다면 기록해 주십시오(천식, 알레르기, 발진, 발작, 생리와 관련된 문제).

생리 일주일 전 상당히 예민하며, 뇌전증이 있어서 약물을 복용 중임

(3) 학생의 수면 패턴과 이것이 학생의 행동에 영향을 주는 정도를 기록해 주십시오.

수면은 이상 없음(부모보고)

(4) 학생의 식습관 및 식이요법과 이것이 학생의 행동에 영향을 주는 정도를 기록해 주십시오.

밥이나 채소는 잘 안 먹고 대부분 고기 위주로 먹으려고 함

3. 학생이 할 수 있는 행동 중에 문제행동과 기능적으로 같은 대체행동이 있습니까?

(1) 대상자가 이미 수행할 수 있는 사회적으로 적절한 행동이나 기술 중에 문제행동을 했을 때와 동일한 결과나 보상을 받을 수 있게 해 주는 것이 있습니까?

제스처로 손을 내젓기 등의 싫다는 표현을 하거나 발성으로 '으-'라고 싫은 표정을 지음

4. 학생이 타인과 의사소통하는 주된 방식은 무엇입니까?

(1) 학생이 사용하거나 사용할 수 있는 일반적인 표현 의사소통 전략은 무엇입니까? 음성을 사용한 말, 수화/제스처, 의사소통판/책, 전자장치가 포함될 수 있습니다. 이 전략들이 어느 정도로 일관되게 사용됩니까?

주로 발성이나 제스처로 표현하지만, 제스처나 발성도 현저히 제한적임 주로 '주세요' '싫어요' '좋아요' 등 두세 가지 표현 정도임

(2) 다음 표에서 의사소통적 목적을 성취하기 위한 행동을 찾아보십시오.

의사소통적 기능	복잡한 말(문장)	다단어 구	한 단어 발화	반향어	기타 발성	복잡한 수어	단순한 수어	손가락으로 가리키기	손 끌고 가기	고개 가로젓기	손으로 쥐기(손 뻗기)	사물 주기	움직임 증가	상대방에게 가까이 다가가기	상대방에게서 벗어나기(떠나기)	시선 고정	얼굴 표정	공격성	자기 상해	기타
관심 요청									✓											
도움 요청									✓											

좋아하는 음식, 사물, 활동 요청							✓													
휴식 요청																				
물건이나 장소 상대방에게 보여 주기																				
신체적 고통 표현하기 (두통, 병)																	✓	✓		
혼란이나 불행감 표현하기																				
상황이나 활동에 저항 및 거절							✓											✓		

5. 학생이 함께 활동하고 지원해 줄 때 반드시 해야 하는 일과 피해야 하는 일은 무엇입니까?

(1) 학생이 함께하는 교수 시간이나 활동이 원활히 진행되기 위해서 개선이 필요한 것들은 무엇입니까?

미리 어떤 활동이 진행될 것인지 안내를 해 주어야 하며, 실무원이 옆에 앉아 지도를 해 주어야 함 또한 월요일 오전에는 컨디션 확인이 필요함

(2) 학생이 함께하는 교수시간이나 활동을 방해받지 않으려면 피해야 할 것들은 무엇입니까?

너무 갑작스럽게 스케줄이 변동되거나 너무 사람이 많거나 시끄러운 곳을 피해야 함

서식 4-7. 감각프로파일(축약본)에 대해 살펴보자.

감각프로파일(축약본)은 학생이 각 감각에 대한 예민성이나 둔감성이 있는지를 살펴보는 것으로서 평균보다 낮을 때 감각에 대한 문제가 있거나 확연한 문제가 있는지를 살펴보는 척도이다. 각 감각은 촉각 민감성, 맛/냄새 민감성, 움직임 민감성, 과소반응/특정 자극 추구, 청각여과, 활력 부족 및 허약, 시각/청각 민감성 등 총 7개 영역으로 구성되어 있다.

본 감각프로파일은 부모나 주양육자의 협조가 필요하며, 학생이름, 생년월일, 검사날짜, 보고자, 학생과의 관계, 검사자를 기재할 시, 보고자에 부모나 주양육자를 적고 학생과의 관계에는 보고자와의 관계를 적는다. 이때 구두가 아닌 감각프로파일 체크리스트를 직접 작성할 때도 보고자에 해당한다. 또한, 검사자는 본 감각프로파일을 받아서 점수를 매기고 채점하는 사람이다.

〈표 4-9〉 감각프로파일(축약본)

학생명	김영광	생년월일	2008. 10. 15.	검사날짜	2023. 3. 12.
보고자	이사랑	학생과의 관계	모	검사자	한 교사
• 척도 설명 – 항상: 기회가 주어졌을 때 학생이 항상 이런 행동을 보인다. (100%) – 자주: 기회가 주어졌을 때 학생이 자주 이런 행동을 보인다. (75%) – 종종: 기회가 주어졌을 때 학생이 종종 이런 행동을 보인다. (50%) – 가끔: 기회가 주어졌을 때 학생이 가끔 이런 행동을 보인다. (25%) – 전혀: 기회가 주어졌을 때 학생이 전혀 이런 행동을 안 보인다. (0%)					

각 영역은 촉각 민감성 7문항, 맛/냄새 민감성 4문항, 움직임 민감성 3문항, 과소반응/특정 자극 추구 7문항, 청각여과 6문항, 활력 부족 및 허약 6문항, 시각/청각 민감성 5문항으로 총 38문항으로 구성되어 있다.

각 문항은 1점부터 5점까지 리커트 척도로 구성되어 있으며, 1점은 '항상'으로 '기회가 주어졌을 때 학생이 항상 이런 행동을 보인다'에서 5점은 '전혀'로 '기회가 주어졌을 때 학생이 전혀 이런 행동을 안 보인다'로, 점수가 낮을수록 확연한 문제가 있음을 나타낸다.

각 영역에서 촉각 민감성은 35점, 맛/냄새 민감성은 20점, 움직임 민감성은 15점, 과소반응/특정 자극 추구는 35점, 청각여과는 30점, 활력 부족 및 허약은 30점, 시각/청각 민감성 25점으로 모두 합한 190점이 총점이다.

각 영역에서 점수에 따라 정상범위, 문제 가능성, 확연한 문제로 나뉘어 분석된다. 또한 점수의 총합에 따라서도 정상범위, 문제 가능성, 확연한 문제로 나뉜다.

점수가 문제 가능성과 확연한 문제의 영역에 해당하면, 앞선 문항을 살펴보고 감각에 대한 이상을 확인한 후, 이를 중재 시 환경적 구성을 통해 학생이 감각적으로 압도되는 것을 예방해 주거나 교수법 수정 시, 감각을 예민하게 하거나 둔감하게 하는 중재를 적용하는 데 참고자료가 될 수 있다.

촉각 민감성	항상	자주	종종	가끔	전혀
1. 몸단장을 하는 동안 괴로워한다(예: 머리 깎기, 세수하기, 손톱 깎기 등의 몸단장을 하는 동안 떼를 부리거나 운다).	1	2	③	4	5
2. 더울 때 긴 옷을 또는 추울 때 짧은 옷 입기를 더 좋아한다.	1	2	3	4	⑤
3. 맨발로 걸어 다니기를 피한다(특히 모래나 풀밭에서 맨발로 걸어 다니는 것을 싫어한다).	1	2	3	④	5
4. 몸에 다른 사람이나 사물이 닿는 것에 대해 짜증을 내거나 화를 낸다.	1	②	3	4	5
5. 물이 튀면 움츠리며 피한다.	①	2	3	4	5
6. 다른 사람과 가까이 서 있거나 줄 서기를 어려워한다.	1	2	③	4	5
7. 사람이나 물건이 닿은 부위를 문지르거나 긁는다.	1	②	3	4	5
맛/냄새 민감성	**항상**	**자주**	**종종**	**가끔**	**전혀**
8. 일상적으로 먹는 음식에서 어떤 맛이나 냄새를 피한다.	1	2	③	4	5
9. 어떤 맛의 음식만을 먹으려 한다.	1	②	3	4	5
10. 특정한 질감이나 온도의 음식을 먹지 않으려고 한다(예: 딱딱함, 부드러움, 물렁물렁함 등의 질감이나 뜨겁거나 찬 음식을 먹지 않으려 한다).	1	2	③	4	5
11. 식성이 까다롭다. 특히 음식의 질감에 민감하다.	1	②	3	4	5

움직임 민감성	항상	자주	종종	가끔	전혀
12. 두 발이 땅에서 떨어지면 불안해하거나 무서워한다(예: 안아 올릴 때 무서워한다).	1	2	3	4	⑤
13. 높은 곳에서 뛰어내리기를 두려워한다.	1	2	3	4	⑤
14. 머리가 아래로 향하는 활동을 싫어한다(예: 재주넘기, 거꾸로 들어 주기).	1	2	3	4	⑤
과소반응/특정 자극 추구	**항상**	**자주**	**종종**	**가끔**	**전혀**
15. 이상한 소리를 즐긴다/소리를 만들어 내는 것을 즐긴다.	1	2	③	4	5
16. 계속 움직여서 일상생활이 방해받는다(예: 자리에 앉아 있지 못하고 안절부절못한다).	1	②	3	4	5
17. 움직이는 활동을 하는 동안 과도하게 흥분한다.	1	②	3	4	5
18. 사람과 사물을 만지는 행동을 한다.	1	2	③	4	5
19. 얼굴이나 손에 무엇인가 묻었을 때 알아채지 못하는 것처럼 보인다.	1	2	3	4	⑤
20. 놀이 활동에 방해가 될 만큼 한 가지 활동을 오래 하지 못하고 이것저것 한다.	1	2	③	4	5
21. 입은 옷이 꼬여 있어도 가만히 둔다.	1	2	3	④	5
청각여과	**항상**	**자주**	**종종**	**가끔**	**전혀**
22. 주변이 시끄러우면 활동하는 데 문제가 있거나 산만해진다.	1	②	3	4	5
23. 말하는 것을 듣지 않는 것처럼 보인다(예: 당신의 말에 반응을 보이지 않거나 무시하는 것처럼 보인다).	1	②	3	4	5
24. 주변에서 나는 소리 때문에 놀이나 학습을 할 수 없다(예: 환풍기 돌아가는 소리, 냉장고 소리).	1	②	3	4	5
25. 라디오가 켜져 있으면 과제를 완성하기 어렵다(예: 주변에서 소리가 나면 하던 것을 완성하기 어렵다).	1	2	3	4	⑤
26. 청력은 문제가 없는데 이름을 부르면 반응하지 않는다.	1	2	3	4	⑤
27. 집중하는 데 어려움이 있다.	1	②	3	4	5
활력 부족 및 허약	**항상**	**자주**	**종종**	**가끔**	**전혀**
28. 근력이 약해 보인다.	1	2	3	4	⑤
29. 쉽게 피곤해 보인다. 특히 서 있거나 특정한 자세를 유지할 때 피곤해한다.	1	2	3	4	⑤

30. 잡는 힘이 약하다.	1	2	3	④	5
31. 무거운 물건을 들지 못한다(예: 또래 학생과 비교해서 약하다).	1	2	3	④	5
32. (활동하는 동안에도) 몸을 지탱하려고 기대어 있는다.	1	2	3	4	⑤
33. 무엇을 할 때 쉽게 지친다/끈기가 없다.	1	2	3	④	5
시각/청각 민감성	**항상**	**자주**	**종종**	**가끔**	**전혀**
34. 예상치 못한 소리나 큰 소리에 부적절하게 반응한다(예: 청소기 소리, 개 짖는 소리, 헤어드라이어 소리가 나면 숨거나 운다).	1	2	3	4	⑤
35. 특정한 소리가 나면 손으로 귀를 막는다.	1	2	3	④	5
36. 다른 사람은 적응할 수 있는 밝은 빛을 견디기 힘들어한다.	1	2	3	4	⑤
37. 방에서 사람이 움직이는 것을 주시한다.	1	2	3	4	⑤
38. 빛으로부터 눈을 가리거나 감는다.	1	2	3	4	⑤

구분	점수/총합	정상범위	문제 가능성	확연한 문제
촉각 민감성	20/35	35———30	29———27	26–✓—7
맛/냄새 민감성	10/20	20———15	14———12	11✓———4
움직임 민감성	15/15	15✓———13	12———11	10———3
과소반응/특정 자극 추구	22/35	35———27	26———24	23✓———7
청각여과	18/30	30———23	22———20	19✓———6
활력 부족 및 허약	27/30	30——✓–26	25———24	23———6
시각/청각 민감성	24/25	25✓———19	18———16	15———5
합계	136/190	190———155	154———142	141———38

활용의 예시와 Tip!

한걱정 교사는 1학년 담임을 맡고, 입학식 날 안아파를 만나고 깜짝 놀랐다. 안아파는 수시로 턱을 주먹으로 때리거나 눈앞에 손가락을 두고 왔다 갔다 움직이고 있었다. 턱에는 멍 자국이 있었고 턱이 조금 길고 한쪽으로 쏠려 있다고 느꼈다. 동행한 학부모는 말리면 더 심해지니 어떻게 해야 할지 잘 모르겠고 한계를 느낀다고 호소하였다. 턱도 원래 모양에서 변형되기 시작하였다며 속상해했다. 한걱정 교사는 안아파의 감각 추구 성향을 알아보기 위하여 감각프로파일을 활용해 보기로 하였다. 다음은 학생의 부모님과 협의하여 서식 4-7의 감각프로파일(축약본)을 작성한 결과이다.

구분	점수/총합	정상범위	문제 가능성	확연한 문제
촉각 민감성	28/35	35———30	29———27	26———7
맛/냄새 민감성	4/20	20———15	14———12	11———4
움직임 민감성	15/15	15———13	12———11	10———3
과소반응/특정 자극 추구	17/35	35———27	26———24	23———7
청각여과	22/30	30———23	22———20	19———6
활력 부족 및 허약	26/30	30———26	25———24	23———6
시각/청각 민감성	25/25	25———19	18———16	15———5
합계	137/190	190———155	154———142	141———38

안아파 학생은 총점 190점에서 137점으로 감각에 확연한 문제가 있는 것으로 나타났다. 세부 항목에서는 촉각 민감성과 청각여과 부분에서 문제의 가능성이 나타났으며 맛/냄새 민감성과 과소반응/특정 자극 추구에서 확연한 문제가 있는 것으로 드러났다.

촉각 민감성	항상	자주	종종	가끔	전혀
1. 몸단장을 하는 동안 괴로워한다(예: 머리 깎기, 세수하기, 손톱 깎기 등의 몸단장을 하는 동안 때를 부리거나 운다).	1	②	3	4	5
2. 더울 때 긴 옷을 또는 추울 때 짧은 옷 입기를 더 좋아한다.	1	2	3	4	⑤
3. 맨발로 걸어 다니기를 피한다(특히 모래나 풀밭에서 맨발로 걸어 다니는 것을 싫어한다).	①	2	3	4	5
4. 몸에 다른 사람이나 사물이 닿는 것에 대해 짜증을 내거나 화를 낸다.	1	2	3	4	⑤
5. 물이 튀면 움츠리며 피한다.	1	2	3	4	⑤
6. 다른 사람과 가까이 서 있거나 줄 서기를 어려워한다.	1	2	3	4	⑤
7. 사람이나 물건이 닿은 부위를 문지르거나 긁는다.	1	2	3	4	⑤

안아파는 '몸단장하는 것을 좋아하지 않아서 떼를 쓰거나 우는 일이 잦고, 맨발로 걸어 다니는 것을 좋아하지 않는다.'는 항목에서 촉각적으로 민감한 것으로 나타났으므로 양말을 잘 챙겨 신기고, 학교에서 손을 씻기거나 세수를 할 때 사전예고를 충분히 한 후 촉진 시 신체의 끝부분부터 조심스럽게 지도하기로 하였다. 또한 컨디션이 좋을 때는 학생신체의 가슴 쪽에서 먼 곳인 손끝부터 천천히 촉각적인 자극에 익숙해질 수 있도록 좋아하는 감각교구들인 말랑이나 클레이, 다양한 천직물을 만지기, 선생님과 하이파이브, 한 손가락 터치 등을 천천히 제공하였다.

청각여과	항상	자주	종종	가끔	전혀
22. 주변이 시끄러우면 활동하는 데 문제가 있거나 산만해진다.	1	2	3	4	⑤
23. 말하는 것을 듣지 않는 것처럼 보인다(예: 당신의 말에 반응을 보이지 않거나 무시하는 것처럼 보인다).	①	2	3	4	5
24. 주변에서 나는 소리 때문에 놀이나 학습을 할 수 없다(예: 환풍기 돌아가는 소리, 냉장고 소리).	1	2	3	4	⑤
25. 라디오가 켜져 있으면 과제를 완성하기 어렵다(하던 것을 완성하기 어렵다).	1	2	3	4	⑤
26. 청력은 문제가 없는데 이름을 부르면 반응하지 않는다.	1	2	3	4	⑤
27. 집중하는 데 어려움이 있다.	①	2	3	4	5

청각여과 부분에서는 거의 항상 상대가 말하는 것을 듣지 않는 것처럼 보이고, 집중에 어려움을 보이고 있었다. 이는 청각여과의 문제 가능성이 농후함으로 인하여 일상 속에서 선택적 주의집중을 하지 못하고 있다고 보여진다. 따라서 담임교사인 한걱정은 앞으로 안아파에게 지시를 할 때, 언어적 지시와 더불어 시각적 단서를 활용하기로 하였다.

맛/냄새 민감성	항상	자주	종종	가끔	전혀
8. 일상적으로 먹는 음식에서 어떤 맛이나 냄새를 피한다.	①	2	3	4	5
9. 어떤 맛의 음식만을 먹으려 한다(종류: 단맛, 짭쪼름한 맛, 최근 신맛도 먹기 시작).	①	2	3	4	5
10. 특정한 질감이나 온도의 음식을 먹지 않으려고 한다(예: 딱딱함, 부드러움, 물렁물렁함 등의 질감이나 뜨겁거나 찬 음식을 먹지 않으려 한다, 종류: 국, 국물에 말은 밥).	①	2	3	4	5
11. 식성이 까다롭다. 특히 음식의 질감에 민감하다.	①	2	3	4	5

또한 한걱정 교사는 평소 제대로 된 식사를 하지 않고 김치류의 국물이나 소스 정도만 찍어 먹고마는 안아파의 식습관 때문에 식사지도에서 곤혹을 치르고 있었는데 맛/냄새 민감성에서

확연한 문제가 드러났다. 이러한 상황을 행동전문가를 통하여 섭식지도 방법을 문의한 결과, 앞으로 여러 가지 음식의 재료의 질감을 경험시켜 볼 수 있는 수업을 준비하고 이를 통해 직접 만져도 보고 먹어도 보면서 음식의 재료와 친해지는 경험을 시켜 보라는 조언을 얻었다. 더불어 간단한 핑거푸드 만들기 등으로 함께하여 친구들과 함께 작은 파티를 하기도 하고 음식을 직접적으로 활용하는 경험이 아니어도 소꿉놀이 장면 등에 꾸준히 노출시켰다. 한걱정 교사가 1년 동안 맛과 냄새와 관련된 다양한 경험을 꾸준히 시켜 줌으로 인해서 안아파 학생은 맛/냄새의 민감성을 조금은 극복할 수 있게 되었다.

과소반응/특정 자극 추구	항상	자주	종종	가끔	전혀
15. 이상한 소리를 즐긴다/소리를 만들어 내는 것을 즐긴다.	①	2	3	4	5
16. 계속 움직여서 일상생활이 방해받는다(예: 자리에 앉아 있지 못하고 안절부절못한다).	①	2	3	4	5
17. 움직이는 활동을 하는 동안 과도하게 흥분하다.	1	2	3	4	⑤
18. 사람과 사물을 만지는 행동을 한다.	①	2	3	4	5
19. 얼굴이나 손에 무엇인가 묻었을 때 알아채지 못하는 것처럼 보인다.	1	②	3	4	5
20. 놀이 활동에 방해가 될 만큼 한 가지 활동을 오래 하지 못하고 이것저것 한다.	1	2	3	4	⑤
21. 입은 옷이 꼬여 있어도 가만히 둔다.	1	②	3	4	5

안아파 학생은 하루 종일 입으로 '음~' 하는 효과음과 같은 소리를 낸다. 그때 계속하여 손가락을 눈앞에 대고 검지와 중지를 빠르게 비비고 몸을 앞뒤고 흔드는 자세로 있다. 그러한 행동을 제지하지 않고 가만히 두고 있으면 다른 것에는 흥미가 없는 것처럼 앉아서 그러한 행동을 반복하다가 소리가 커지기도 하고 작아지기도 하며 가끔 턱이나 다리 등을 리듬감 있게 두드리고 웃었다가 소리를 냈다가 몸을 흔들기를 반복하기도 한다. 학생의 학부모에 따르면 그 외에도 안아파 학생은 바스락거리는 비닐봉지류의 소리 듣기를 좋아한다고 하기에 다 먹은 김봉지나 작은 과자 봉지, 커피믹스 봉지 등을 쥐어 주니 귀에 가져가서 소리를 들으며 좋아하고 대신 턱을 때리는 횟수가 줄어들었다. 하지만 이후에도 턱을 때리는 행동이 완전히 소거되지 않아서 고민하던 중 긍정적 행동지원 부장 이상향 교사와 상의하게 되었다. 이상향 부장은 소형 안마기를 한번 활용해 볼 것을 권유하였다. 안마기의 진동과 턱을 때리는 것이 비슷한 유형의 자극일 수 있으므로 안마기를 강화물로 활용하고 차차 소거해 가는 형태로 행동중재를 할 수 있도록 권유하였다. 가끔 물건을 던지는 행동이 있기 때문에 걱정이 되긴 하였으나 혹, 소형 안마기를 던지는 상황이 되어도 또래가 다치지 않을 정도의 물리적 거리를 확보하여 자리를 배치하고 실무사님이 안아파 학생의 가까이에서 늘 지켜보면서 학습에 참여를 잘하거나 착석행동 시간을 완수하면 소형 안마기를 틀어서 쥐어 주었더니 턱을 때리는 횟수가 점차 줄어들기 시작하였다.

서식 4-8. 학생을 위한 강화제 평가지에 대해 살펴보자.

서식 4-7과 다음에 나올 서식 4-8은 모두 강화제 평가지에 관한 내용이다. 두 서식 모두 부모나 주양육자와 협력하여 정보를 얻는 것이 좋다. 이 중 서식 4-7은 다양한 잠재적 강화제 목록을 리커트 5점 척도로 구성하여 체크리스트 형태로 구성한 것이다.

학생이름, 생년월일, 기록자, 조사일을 기재한다. 본 평가지는 크게 12가지의 각 영역으로 나누어져 있고, 11가지는 리커트 척도로, 한 가지는 동그라미로 체크한다.

각 영역은 조립하는 물건, 소리가 나는 물건, 비주얼 아이템, 읽을거리, 쓰기/그리기 도구, 좋아하는 감촉, 신체활동, 항상 만지는 것, 전자제품, 좋아하는 음식, 기타, 좋아하는 활동으로 나뉘어 있다. 이 중 좋아하는 활동을 제외한 각 영역은 항목별로 1점부터 5점까지 리커트 척도로 구성되어 있으며, 1점은 전혀 좋아하지 않음부터 5점은 대단히 좋아함으로 나뉜다. N은 좋아하는지 알 수 없거나 경험한 적이 없을 때 체크한다. 이 중 항목이 없는 것들에 대한 강화제에 선호를 확인한 것이 있다면 각 영역에 기타 부분에 추가로 적어서 점수를 매길 수 있다.

좋아하는 활동의 경우 심부름하기, 자르기, 계산하기, 읽기, 요리하기, 분류(정리하기), 전화하기, 만들기, 쓰기, 집짓기, 줄 맞추기, 조각내기, 음식 서빙, 돌보기, 자료입력, 기타로 나뉘며 이 중 학생이 좋아하는 활동은 모두 동그라미로 표시하면 된다.

〈표 4-10〉 학생을 위한 강화제 평가지

학생명	김영광	생년월일	2008. 10. 15.
기록자	한 교사	조사일	2023. 9. 10.

다음의 척도를 사용하여 학생이 좋아하는 항목/활동에 체크하세요.

1	2	3	4	5	N
전혀 좋아하지 않음	좋아할 때가 가끔 있음	조금 좋아함	많이 좋아함	대단히 좋아함	알 수 없음 또는 경험 없음

조립하는 물건						
도미노	1	②	3	4	5	N
집 쌓기	1	②	3	4	5	N
마인크래프트	1	2	3	4	5	Ⓝ
전자조립	1	2	③	4	5	N
레고	1	2	3	4	⑤	N
비즈(구슬 꿰기)	1	②	3	4	5	N
퍼즐	1	2	3	4	⑤	N
기타:	1	2	3	4	5	N

비주얼 아이템						
야광팽이	1	②	3	4	5	N
반짝이	①	2	3	4	5	N
만화경	1	②	3	4	5	N
선풍기	1	②	3	4	5	N
야광봉	1	2	3	4	⑤	N
거울	①	2	3	4	5	N
후레쉬	1	2	3	4	⑤	N
기타:	1	2	3	4	5	N

좋아하는 감촉						
옷감, 천	1	2	③	4	5	N
차가운 물건	①	2	3	4	5	N
따뜻한 물건	1	2	3	④	5	N
물	1	2	3	4	⑤	N
로션	1	2	3	4	⑤	N
딱딱한 물건	①	2	3	4	5	N
부드러운 물건	1	2	③	4	5	N
꺼칠꺼칠한 물건	①	2	3	4	5	N
좁은 공간	1	2	3	4	⑤	N
기타:	1	2	3	4	5	N

소리 나는 물건						
CD/MP3플레이어	1	2	③	4	5	N
헤드폰	①	2	3	4	5	N
악기	1	2	3	4	⑤	N
좋아하는 장르:	1	2	3	4	⑤	N
기타:	1	2	3	4	5	N

읽을거리						
잡지	①	2	3	4	5	N
전단지	①	2	3	4	5	N
신문	①	2	3	4	5	N
책	①	2	3	4	5	N
기타:	1	2	3	4	5	N

쓰기/그리기 도구						
연필	①	2	3	4	5	N
종이	1	2	3	4	⑤	N
칠판	①	2	3	4	5	N
화이트보드	1	2	③	4	5	N
크레파스	1	2	3	4	⑤	N
사인펜	1	2	3	④	5	N
색연필	1	2	3	4	⑤	N
기타:	1	2	3	4	5	N

신체활동						
빙빙 돌기	1	2	3	4	5	Ⓝ
그네 타기	①	2	3	4	5	N
점프하기	1	2	③	4	5	N
달리기	①	2	3	4	5	N
자전거 타기	1	2	③	4	5	N
차타기	1	2	3	4	⑤	N
산책하기	1	2	3	4	⑤	N
스트레칭	1	②	3	4	5	N
기타:	1	2	3	4	5	N

다음의 척도를 사용하여 학생이 좋아하는 항목/활동에 체크하세요.

1	2	3	4	5	N
전혀 좋아하지 않음	좋아할 때가 가끔 있음	조금 좋아함	많이 좋아함	대단히 좋아함	알 수 없음 또는 경험 없음

항상 만지는 것						
거친 감촉	1	②	3	4	5	N
푹신푹신함	1	2	3	4	⑤	N
마사지	1	2	3	4	⑤	N
진동	1	2	3	4	5	Ⓝ
말랑말랑한	1	2	③	4	5	N
부드러운	1	2	3	4	⑤	N
수집할 수 있는	1	2	3	4	⑤	N
여러 가지 물건	1	2	3	④	5	N
기타:	1	2	3	4	5	N

좋아하는 음식						
짠맛	1	2	③	4	5	N
신맛	1	②	3	4	5	N
단맛	1	2	3	④	5	N
씹히는 맛	1	2	③	4	5	N
부드러운 맛	1	2	3	4	⑤	N
죽처럼 묽은	1	2	③	4	5	N
뜨거운	1	2	③	4	5	N
시원한	1	2	3	4	⑤	N
기타:	1	2	3	4	5	N

전자제품						
비디오/유튜브	1	2	3	4	⑤	N
TV	1	2	3	4	⑤	N
게임	1	2	③	4	5	N
컴퓨터	1	2	3	4	⑤	N
인터넷 검색	1	2	3	④	5	N
기타:	1	2	3	4	5	N

기타						
심부름하기	①	2	3	4	5	N
휴식하기	1	2	3	4	⑤	N
친구들과 함께하기	1	2	3	④	5	N
기타:	1	2	3	4	5	N

좋아하는 활동(해당되는 것에 모두 체크하세요)				
심부름하기	자르기	계산하기	읽기	요리하기
				○
분류(정리하기)	전화하기	만들기	쓰기	집짓기
○				
줄 맞추기	조각내기	음식 서빙	돌보기	자료입력
		○		
기타:				

출처: 국립특수교육원(2020). 발달장애인의 도전적 행동중재 매뉴얼.

서식 4-9. 중증장애학생을 위한 강화제 평가지에 대해 살펴보자.

서식 4-9의 강화제 평가지는 서식 4-8의 학생을 위한 강화제 평가지의 리커트 척도와는 달리 모두 구체적으로 기입한다. 특히 중증장애학생을 위주로 대부분 감각적인 부분과 기능에 맞추어 질문이 구성되어 있다. 본 서식도 앞서 언급한 것처럼 부모 및 주양육자와 협력하여 정보를 얻는 것이 좋다.

문항 1은 시각, 문항 2는 청각, 문항 3은 후각, 문항 4는 미각, 문항 5는 전정감각, 문항 6과 문항 7은 촉각, 문항 8은 관심, 문항 9는 선호물건, 문항 10은 선호활동에 맞추어 질문이 되어 있다. 또한 각 질문에서 더 구체적인 정보를 위해 검사자가 보고자에게 추가 질문과 대답을 할 수 있다.

설문 작성이 끝나면 잠재적 강화제의 목록 중 현재 환경에서 제시할 수 있는 것을 모두 골라 구체적인 강화제의 목록 또는 사진을 기록하여 학생에게 제시한 뒤 좋아하는 순서대로 나열해 학생이 선택한 강화제의 선호도 순서를 표에 기록한다.

Tip!

선호물의 우선순위를 파악하고자 할 때, 2개의 자극을 동시에 제시하여 하나를 선택하여 선호도의 우위를 가려 우선적인 것과 또 다른 자극을 다시 동시에 제시하여 하나를 선택하는 방법으로 학생의 선호도를 파악하도록 한다.

예를 들어, 교사가 제시한 퍼즐과 피리 중 학생이 퍼즐을 선택했다면, 다시 교사는 앞서 우선순위였던 퍼즐과 새로운 자극인 야광팽이를 제시한다. 학생이 야광팽이를 선택했다면 야광팽이가 1순위, 퍼즐이 2순위, 피리가 3순위가 된다.

선호도 순위가 목록화되었다면, 학생에게 사용하지 않았으면 하는 제한적 강화제나 제공해 줄 수 없는 강화제들은 목록표에서 제외할 수 있다.

〈표 4-11〉 중증장애학생을 위한 강화제 평가지
(Reinforcer Assessment for Individuals with Severe Disabilities)

본 평가는 교사와 부모, 또는 보호자로부터 학생이 좋아하는 자극과 강화제에 대한 정보를 수집하고자 구성되었습니다. 질문을 잘 읽어 보시고 학생이 선호하는 자극이나 강화제에 대하여 구체적인 내용을 적어 주시면 학생의 교육에 큰 도움이 됩니다.
1. 사람들 중에는 거울, 불빛, 반짝거리는 물건, 빙글빙글 돌아가는 물건, TV 등을 쳐다보기를 좋아하는 경우가 있습니다. 학생은 무엇을 보는 것을 가장 좋아하는 것 같나요?
TV나 반짝거리는 물건을 좋아함
더 구체적인 정보를 위한 추가 질문과 대답
2. 어떤 사람들은 음악, 자동차 소리, 휘파람 소리, 삑삑거리는 소리, 사이렌 소리, 손뼉 치는 소리, 노랫소리 등과 같이 다양한 소리를 좋아합니다. 학생은 어떤 소리를 가장 좋아하는 것 같나요?
음악소리나 손뼉 치는 소리를 좋아함
더 구체적인 정보를 위한 추가 질문과 대답
노래방에서 사람들이 부르는 음악소리를 좋아함
3. 사람들은 꽃향기, 커피, 화장품 냄새와 같은 다양한 냄새를 맡는 것을 좋아하기도 합니다. 학생은 어떤 냄새를 가장 좋아하는 것 같나요?
잘 파악이 안됨
더 구체적인 정보를 위한 추가 질문과 대답
로션 냄새를 좋아하는 것 같음
4. 사람들 중에는 아이스크림, 피자, 주스, 햄버거, 사탕, 초콜릿 등 특정 음식류를 좋아하는 경우가 있습니다. 학생이 특별하게 가장 좋아하는 음식은 무엇이 있나요?
단 음식을 좋아하고, 특히 콜라와 급식시간의 육고기를 좋아함
더 구체적인 정보를 위한 추가 질문과 대답
채소나 간이 적게 된 음식은 좋아하지 않음
5. 사람들은 간지럼, 레슬링, 뛰기, 춤추기, 그네타기 등과 같은 신체 놀이를 좋아합니다. 학생은 어떤 신체 놀이를 가장 좋아하는 것 같나요?
특별히 좋아하는 운동은 없으나 산책은 잘하는 편임
더 구체적인 정보를 위한 추가 질문과 대답
대부분 야외산책은 30분을 넘겨서 하는 경우도 있음

6. 사람들 중에는 눈이나 얼음, 손난로와 같이 뜨겁거나 차가운 다양한 온도의 물건 만지기를 좋아하는 경우가 있습니다. 학생은 어떤 온도의 물건 만지기를 가장 좋아하는 것 같나요?
특별히 좋아하거나 싫어하는 건 없음
더 구체적인 정보를 위한 추가 질문과 대답
해당 없음
7. 사람들은 세면대에서 물을 뿌리거나, 피부에 진동, 선풍기 바람을 얼굴로 느끼는 등 다양한 감각을 즐기는 경우가 많습니다. 학생은 어떤 감각활동을 가장 좋아하는 것 같나요?
물을 뿌리는 것을 극도로 싫어하고, 손을 만져 주는 것을 좋아함
더 구체적인 정보를 위한 추가 질문과 대답
주로 아빠나 엄마가 손 마사지를 집에서 해 준다고 함
8. 사람들은 안아 주기, 등 토닥토닥하기, 하이파이브, "잘했어!"라고 말해 주기 등처럼 다른 사람들의 관심을 좋아하기도 합니다. 학생은 어떤 형태로 주어지는 관심을 가장 좋아하는 것 같나요?
가까이 가서 만지는 것을 싫어하나, 먼저 만져 달라고 하면 좋아함. 특히 손을 만져 달라고 함
더 구체적인 정보를 위한 추가 질문과 대답
안기나 등 두드리기 등 먼저 다가가서 만지는 것은 싫어함
9. 사람들은 퍼즐, 장난감, 만화책, 풍선 등과 같이 장난감이나 물건을 좋아하는 경우가 있습니다. 학생이 특별히 좋아하는 장난감이나 물건이 있으면 적어 주세요.
대한민국 지도 퍼즐을 좋아하며, 루피가 그려진 만화 캐릭터의 스티커나 만화책을 좋아함
더 구체적인 정보를 위한 추가 질문과 대답
10. 학생이 좋아하는 기타 물건이나 활동에는 무엇이 있는지 좀 더 깊이 생각해 보고, 생각나는 것이 있으면 적어 주세요.
없음
더 구체적인 정보를 위한 추가 질문과 대답
설문 작성이 끝나면, 목표행동 발생 시 제시할 수 있는 자극, 제거할 수 없는 자극을 모두 선택하고(예: 장난감은 제시하거나 제거할 수 있습니다. 산책하는 활동은 제시하거나 제거할 수 없습니다), 선택된 자극별로 구체적인 정보를 카드에 적어서 설문 응답 학생에게 제시하여 좋아하는 순서대로 나열해 달라고 한 후에 그 자극 선호도 순서를 다음 표에 기록합니다.

1. 손 마사지	9.
2. 루피 캐릭터 스티커	10.
3. 원피스 음악이나 핑크퐁 동요	11.
4. 손뼉 치기	12.
5. 단맛이 나는 음식, 고기류	13.
6. 콜라	14.
7.	15.
8.	16.

위에 목록화된 것들 중 학생에게 사용하지 않았으면 하는 것이 있나요?
콜라
위에 목록화된 것들 중 학생에게 제한 없이 사용해도 되는 것은 어떤 것들이 있나요?
루피 캐릭터가 붙은 스티커나 원피스, 핑크퐁과 같은 동요

출처: 국립특수교육원(2020). 발달장애인의 도전적 행동중재 매뉴얼.

제 5 장

기능분석

기능분석은 A-B-C 기록과 기능평가지(MAS, QABF, FAI)에서 살펴보았는데도 애매한 기능인 경우에 추가로 시행할 수 있다. 선행사건인 환경조건을 변경함으로써 행동이 영향을 받는지를 체크한다. 이는 앞서 기능평가(Functional Assessment)에서 나온 데이터를 보고 가설을 세워 그 가설을 검증함으로써 기능을 확정할 수 있다.

서식 5-1. 기능분석지를 살펴보자.

기능분석지에 학생명과 나이, 기능분석을 시행한 일자와 기록자, 표적행동을 기재한다. 가설은 앞서 기능평가했던 내용을 기준으로 배경사건 또는 선행사건, 학생이름, 추정된 표적행동의 기능, 표적행동, 이 네 가지 요소에 맞추어 가설을 설정한다. 예를 들어, 배경사건이 어머니께 야단맞기, 선행사건이 선생님의 지시, 학생이름은 영광, 기능은 회피, 표적행동은 머리를 때리기이면, 다음과 같이 가설을 수립할 수 있다.

> 어머니께 야단을 맞고[배경사건] 등교한 날, 지각하여 선생님의 지시를 들으면[선행사건]
>
> 영광이는[학생] 지시 수행을 피하려고[추정된 기능] 자기 머리를 때린다.[표적행동]

〈표 5-1〉 기능분석지

학생명(나이)	김영광(15세)	조사일	2023. 10. 20.
기록자	교사 한○○		
표적행동	자기 머리를 때리는 행동		
가설	어머니께 야단을 맞고 등교한 날, 지각하여 선생님의 지시를 들으면, 영광이는 지시 수행을 피하려고 자기 머리를 때린다.		

가설을 수립하였으면 이제 가설을 검증한다. 가설검증에서는 선행사건을 변화함으로써 추정된 기능을 확립하거나 철회하는 환경조건을 만든다. 예를 들어, 선생님이 지시를 한 경우(기능확립)와 지시를 하지 않는 경우(기능철회)를 통해 선행사건에 대한 환경을 변화시킴으로써 표적행동의 발생 여부를 확인하는 것이다.

Tip!

기능분석은 선행사건을 변화시키는 것이 중요하다. 후속결과를 변화시키는 것이 아니다. 예를 들어, 자신의 머리를 때렸다고 교사가 말리거나 혹은 무시하거나 하는 변화를 말하는 것이 아닌 선행사건 변화인 지시 여부를 통해 지시 수행을 피하기 위한 표적행동인지 아닌지를 확인하는 것이다.

가설을 검증할 때는 각 조건을 명시하고 이를 반복함으로써 표적행동의 발생 여부를 확인할 수 있다. 각 조건을 명시할 때는 A조건(추정기능 확립) B조건(추정기능 철회)의 조건을 정하여 놓고 이를 한 번씩 시행한다. 시행할 때는 수업 시간에 약 3~5분 정도 나누어 한 수업 시간에 시행해도 좋고, 하루하루 반복해서 시행해도 좋다. 중요한 것은 일관된 결과가 나오는 것인가 아닌가에 따라 추정된 기능을 사용하는 것에 대한 기능이 확정된다.

Tip!

표적행동이 앞서 선정된 것처럼 관찰 가능하고 구체적인 조작적인 정의여야 하고 이에 대한 각 조건에서의 환경은 A조건은 반복할 A′조건과 같아야 하며 B조건은 반복할 B′조건과 같아야 한다는 것이 중요하다. 이때 표적행동의 측정 단위는 A조건이나 B조건, 모두 같아야 한다.

각 조건에서 일관적으로 특정 조건의 표적행동 발생률이 높거나 낮다면, 이는 기능이 확정되었다고 해석된다. 예를 들어, A조건(지시 있음)에서만 자기 머리를 때리고 B조건(지시 없음)에서는 머리를 때리지 않았다면 이는 지시가 영향을 준 것임이 기능적으로 확인되므로 '지시 회피 기능'으로 분석될 수 있다.

A조건(추정기능 확립): 지시 있음
B조건(추정기능 철회): 지시 없음

조건	A	B	A	B
날짜 및 시간	9/20 1교시	9/22 1교시	9/23 1교시	9/28 1교시
측정단위 (빈도, 지속시간)	5	0	6	0

서식 5-2. 경쟁행동 모델 수립에 대해 살펴보자.

서식 4의 기능평가와 서식 5-1에서 기능분석의 결과를 활용하여 경쟁행동 모델을 수립할 수 있다. 경쟁행동 모델에서 작성일자와 작성자를 기재한다.

기능평가와 기능분석의 결과에 따라 배경사건, 선행사건, 표적행동과 후속결과를 기재한다. 그다음 표적행동의 위쪽인 바람직한 행동에 교사가 기대하는 선행사건에 대한 행동을 기재한다. 대체행동에는 표적행동의 기능에 맞는 적절한 행동, 즉 표적행동에 대체할 교사가 가르칠 행동을 적는다. 대체행동을 하면 학생이 표적행동 대신 원하는 후속결과를 얻을 수 있는 행동이다.

다음의 도식은 경쟁행동 모델에 대한 사례이다.

사례

학생이 전날 휴대폰을 보느라 늦게 잤다는 것이 배경사건이고 선행사건이 '수학시간에 수학문제를 제시'라고 되어 있으면 바람직한 행동은 수학문제 풀기가 될 것이다. 그러면 선생님은 그에 대한 후속결과로 칭찬을 한다. 그러나 학생은 수학시간에 수학문제를 제시받을 때(선행사건), '수학문제를 풀지 않고 엎드려 자다가 교사의 재지시에 교사를 손으로 민다(행동)'라고 작성되어 있다. 이에 따른 후속결과는 교사가 뒤로 물러나 수학문제를 하지 말라고 수학문제를 철회하는 것으로 보고된다. 따라서 이에 따른 대체행동으로 '선생님, 쉬고 싶어요' '선생님, 도와주세요'의 적절한 대체행동 표현을 가르쳐야 한다.

Tip!

대체행동은 학생의 언어적 또는 행동적 레퍼토리 안에 있어야 한다. 즉, 학생이 주로 의사소통이나 상호작용의 방식을 언어로 한다면 언어로, 행동으로 한다면 행동으로 대체행동을 선정한다.

〈표 5-2〉 경쟁행동 모델 수립

작성일자	2023. 10. 1.
작성자	한 교사

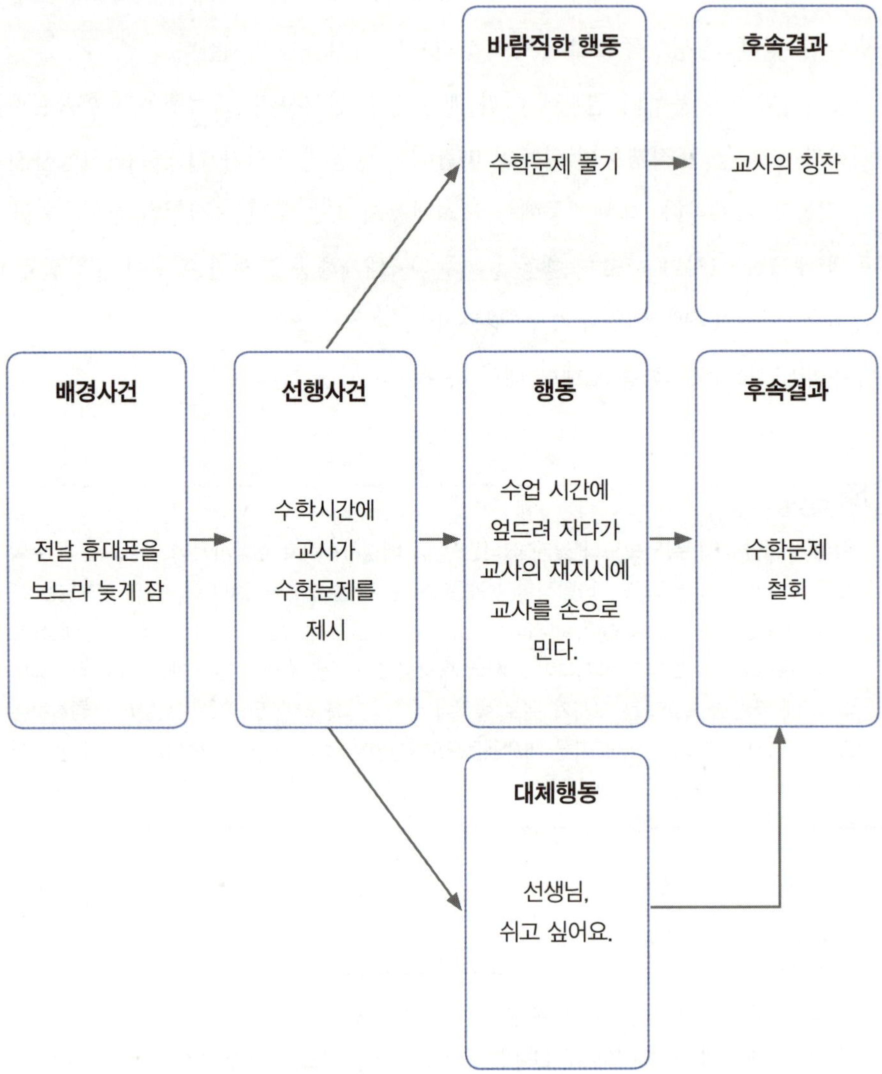

제 6 장

중재

일반적으로 긍정적 행동지원의 중재는 배경사건 및 선행사건 중재 전략으로서 도전적 행동을 예방하고 이를 대체할 바람직한 행동을 알려 준다. 마지막으로 후속사건 중재를 통하여 도전적 행동을 강화하는 요인을 제거하고 대체행동을 강화하는 방식이다. 이에 대한 중재를 더욱 효율적으로 하기 위해서는 행동에 대한 면밀한 관찰을 통한 기능평가에 따라 중재 계획을 수립하여야 한다.

서식 6-1의 중재 전략 시트는 중재 계획을 수립하기가 어려울 때 활용하면 쉽게 정리할 수 있다. 중재 전략 시트는 도전적 행동을 객관적으로 살펴보기 위해 고안된 양식으로 이 전략 시트를 따라서 작성하다 보면 보다 수월하게 중재 계획을 수립할 수 있다(이노우에 마사히코, 2020[1]). 전략 시트를 작성할 때는 중재에 참여할 모든 사람이 함께하면 더 효율적이다. 학생을 대하는 모든 어른이 그 학생의 중재에 대하여 사회적 타당성을 가지고 이해하면서 중재 전략을 숙지한 채 일관적으로 대응하면 훨씬 효율적으로 학생의 도전적 행동중재가 이루어지기 때문이다.

1) 이노우에 마사히코(2020). **금지하지 않고 행동 수정하는 ABA 육아법: 문제행동편**. 민정윤 역. 마음책방.

서식 6-1. 중재 계획 전략 시트를 살펴보자.

표적행동을 기록할 때는 관찰과 측정이 가능한 구체적인 행동의 정의가 이루어지도록 해야 한다. '친구들을 괴롭힌다'보다는 '또래를 꼬집고 밀친다'와 같이 관찰과 측정이 가능한 표현이 적당하다.

목표행동의 경우, 소거하고자 하는 행동의 대체행동이 되는 바람직한 행동을 형성하는 것으로 생각하여 작성한다. 이때에는 행동의 기능을 고려하는 것이 필요하다. 만약 또래를 꼬집고 밀치는 표적행동의 기능이 원하는 것을 얻기 위한 선호물 획득인 경우라면 '그림카드로 갖고 싶은 것을 요구한다'와 같이 목표행동을 설정한다.

행동중재 전략 시트의 상단에 있는 'B: 행동'란에는 우선순위가 높은 도전적 행동을 기재한다. 그리고 'A: 선행사건'에는 행동이 일어나는 환경이나 상황을 육하원칙에 따라 구체적으로 적는다. '짜증이 나면'과 같이 적으면 학생이 어떤 경우에 그런 행동을 하는지 정확히 알 수 없으므로 그 행동이 일어나기 전에 어떤 상황이 있었는지를 더 구체적으로 적는 것이 중요하다. 이렇게 작성하면 행동을 예측하기 쉬워지고, 사전에 예방적 중재를 수립하는 데 유용하다. 전략 시트 'C: 결과'에는 행동을 한 이후에 학생의 상황을 적는 것이다. 결과를 기재하면 표적행동의 강화요인을 예측하고, 대체행동을 찾기 쉬워지며 표적행동을 소거하고자 할 때, 의도적으로 표적행동의 기능을 강화하지 않을 수 있게 된다.

〈표 6-1〉 서식 6-1의 행동중재 전략 시트 작성 예시 ①

A: 선행사건 (행동 전에 일어난 일) 언제, 어디서, 누구와, 무엇할 때?	➡	B: 행동 구체적, 객관적으로 기록 (주관적/감정적/추측성 기록 금지)	➡	C: 결과(행동의 결과) • 선호물 획득 • 관심 • 회피 • 자동강화 • 기타
• 점심시간에 반 친구들이 장난감으로 노는 중에 친구가 손에 쥔 장난감을 뺏으려 함 • 친구가 양보하지 않음		친구를 꼬집고 밀침		친구에게서 장난감을 뺏어서 자기가 가지고 놀게 됨(선호물 획득)

서식 6-1의 A-B-C는 기능평가 시, 누적 작성한 A-B-C의 내용 중 패턴처럼 가장 많이 반복되고 대표적인 내용을 정리해서 적는다. 그 이후 하단에 제시된 '사전 대응책→바람직한 행동→강화방법(이나 도전적 행동 대응법)'이 중재 계획을 수립하는 부분이라 할 수 있다.

〈표 6-2〉 서식 6-1의 행동중재 전략 시트 작성 예시 ②

사전 대응책 • 도전적 행동이 일어나지 않게 하기 • 바람직한 행동하기	➡	바람직한 행동 • 의사소통 기술 • 지시 따르기 기술 • 여가 활동 기술 • 기타	➡	강화 방법 • 칭찬 • 보상 • 좋아하는 활동 • 토큰경제 • 행동계약서 • 기타
• 친구들을 밀치고 때릴 수 없도록 자리 배치를 하고, 놀이공간과 장난감 선택 공간을 별도 배치 • 선택하기 전략을 사용하여 자신이 원하는 장난감을 선택할 수 있도록 하기 • 교사의 지도나 감독 없이도 혼자서 블록놀이나 장난감을 가지고 놀 수 있도록 작업체계 만들어 두기		사진 카드를 교사에게 보여 주어 원하는 장난감 요구하기		• 사진 카드를 보여 주며 요구하면 칭찬하기 • 요구한 장난감을 제공하기
	➡	그래도 도전적 행동을 하면	➡	도전적 행동 대응법 • 과제를 성공하도록 도움 • 침착해지도록 도움 • 기타
				• 숫자 세면서 마음 가라앉히기 • 관심 두지 않고 잠시 기다리기 • 사진 카드로 요구하는 법을 알려 주기 • 바람직한 행동을 강화하기

출처: 이노우에 마사히코(2020). 금지하지 않고 행동 수정하는 ABA 육아법: 문제행동편. 민정윤 역. 마음책방. 해당 문헌을 수정하여 사용함.

사전 대응책은 예방적 중재를 의미한다. 이를 잘 수립하는 것만으로도 행동을 많이 개선할 수 있다. 이때는 이전에 작성했던 전략 시트 상단의 'A: 선행사건'을 중심으로 그러한 상황을 만들지 않는 것에 중점을 두고 작성하면 된다. 앞의 예시에서는 학생이 선호하는 장난감을 미리 파악하여 두고 다른 친구들과 분리된 공간에서 장난감을 획득한 다음 함께 놀 수 있도록 하는 방법을 활용할 수 있다. 이때 언어적 소통이 어려운 경우 기능적 의사소통 훈련(Functional Communication Training: FCT) 전략을 활용할 수 있다. 기능적 의사소통 훈련은 학생이 주로 사용하는 의사소통 방식(예: 구어, 제스처, 카드, 글자 등)에 맞추어 가르친다. 사전 대응책의 내용은 여러 가지로 작성할 수 있다.

Tip!

사전 대응책의 경우, '바람직한 행동'을 결정한 다음 다시 검토하여 재작성할 필요가 있다. 처음에 작성할 당시에는 다양한 아이디어를 적고, 이 아이디어 중에서 실천이 쉽고, 실제 활용할 수 있는 아이디어만 남기고 지우면 보다 현실적인 중재안이 만들어질 것이다. 또한 이전에 생각해 두었던 아이디어를 다음에 차근차근 하나씩 실행해 보는 것도 추천한다.

바람직한 행동은 전략 시트의 상단에 적힌 부적절한 행동 대신에 습득해야 할 대체 행동을 적는다. 학생들이 도전적 행동 대신에 할 수 있는 바람직한 행동을 알려 주는 것은 긍정적 행동지원의 핵심이라고 할 수 있다. 따라서 이 부분을 꼭 작성하여 학생들이 행동을 긍정적으로 할 수 있도록 지원하도록 한다. 작성할 때, 앞서 기능평가에서 알아본 도전적 행동의 기능에 초점을 두어 대체행동을 생각하는 것이 필요하다. 예시에서 제시된 도전적 행동의 기능은 '선호물 획득'으로 보인다. 그렇다면 선호물을 획득하기 위하여 친구를 '꼬집고 밀치는 행동' 대신 학생이 할 수 있는 바람직한 행동을 가르친다. 언어적 의사소통이 잘되는 친구라면 말로 자기가 원하는 것을 요구하게 하고, 그렇지 못한 학생이라면 그림이나 사진 카드를 통하여 요구하기를 가르쳐서 요구할 수 있도록 한다.

강화 방법을 작성한다. 도전적 행동 대신 바람직한 대체행동을 하게 되면 그 행동을 강화하여 대체행동 발생 횟수를 높임으로써 긍정적인 행동을 유지할 수 있다. 따라서 바람직한 행동을 할 때, 적극적으로 칭찬하고 인정해 주면서 그 행동을 강화해야 한다.

중재를 실행하는 과정에서 학생이 도전적 행동을 대신하여 대체행동을 습득하는 것은 쉬운 일이 아니다. 따라서 중재하였지만 그럼에도 도전적 행동을 보였을 때 대응하는 방법에 대한 계획을 꼼꼼히 세워 두는 것이 중요하다. 대응방법은 부적절한 행동에 대해 강화요인을 제거하는 소거전략을 실시한 후 대체행동을 다시 교수하고 이를 차별 강화하는 방법으로 사용한다(소거→대체행동 교수→강화). 예를 들어, 기능이 '선호물 획득'이라면 학생이 부적절한 행동을 하였을 때는 원하는 활동이나 물건을 주지 않고 기다린다(소거전략 중 시간지연). 그렇게 기다려서 학생이 부적절한 행동을 멈추면 원하는 것을 가리키는 동작이나 선호물의 사진(그림) 카드 제시하는 행동을 가르친다(대체행동 교수). 이때 모델링이나 촉구를 줄 수 있다. 학생이 교사의 지도에 따라 대체행동으로 의사 표현을 바람직하게 하면 교사가 학생에게 다가가 원하는 활동이나 물건을 주는 방법(강화)으로 계획할 수 있다.

서식 6-2. 중재 계획서를 살펴보자.

행동중재 전략 시트가 없이도 중재 계획서를 익숙하게 짤 수 있게 되면 서식 6-2를 활용하여 중재 계획을 작성하면 된다.

〈표 6-3〉 서식 6-2의 기록 서식 작성 예시 ①

학생명	김그림	실시기간	2024. 3. 18.~3. 29.	작성일자	2024. 3. 15.	작성자	이사진
표적행동	친구를 꼬집고 때리기				기능	선호물 획득	
목표행동	사진 카드로 원하는 것을 요구하기						

표적행동은 중재를 통하여 우선 소거하기로 생각한 도전적 행동을 적는다. 이때 행동의 정의는 사진이나 동영상을 보듯이 그 행동이 정확하게 떠오르게 쓴다고 생각하고 작성하면 된다. 즉, '친구를 괴롭히기'로 쓰는 것보다는 '친구를 꼬집고 때리기'로 작성하는 것이 바람직하다. 그 이유는 표적행동을 보고 관찰이 가능해야 행동의 기초선도 측정할 수 있고, 중재가 효과적인지 파악하기 위한 데이터도 수집할 수 있기 때문이다.

목표행동은 도전적 행동을 대체할 바람직한 행동으로 작성한다. 목표행동은 표적행동과 같은 기능을 가진 바람직한 행동을 찾아서 작성하는 것이다. 김그림 학생이 그동안 친구에게서 장난감을 빼앗기 위해서 친구를 꼬집고 때렸는데 이제 사진 카드를 통하여 요구하면 원하는 장난감을 얻을 수 있다. 단, 목표행동은 학생에게 표적행동보다 어렵지 않게 행할 수 있는 행동으로 정한다. 아직 발화가 어려운 학생에게 '주세요'를 말로 해야만 장난감을 주는 것을 목표행동으로 삼는다면 표적행동 소거도 어렵고, 목표행동은 잘 형성되지 않는다.

목표행동을 수행하는 데 있어서 학생의 수준을 확인하여 장기목표와 단기목표를 작성할 수 있다. 장기목표가 '사진 카드로 원하는 것을 요구하기'라면 단기목표 1에서는 '2개의 선호물 사진 카드를 변별하기', 단기목표 2에서는 '선호물 사진 카드를 변별하여 원하는 것을 손가락으로 짚기', 단기목표 3에서는 '원하는 선호물 사진 카드를 집어 교사에게 주기' 등으로 나눌 수 있다. 각 목표의 수행과 관련한 평가기준을 작성하고 정·오반응 및 성공수행률의 기준을 정하여 이를 충족하면 다음 단계로 넘어 간다. 이때 활용할 수 있는 교수전략은 행동형성법, 연쇄법 등이 가능하다.

〈표 6-4〉 서식 6-2의 기록 서식 작성 예시 ②

예방전략 중재	대체행동 중재	후속사건 중재
• 친구들을 밀치고 때릴 수 없도록 자리 배치를 하고, 놀이공간과 장난감 선택 공간을 별도 배치	• 사진 카드를 교사에게 제시하여 원하는 장난감을 요구하기	• 바람직한 행동을 할 때: 칭찬과 토큰 제공 • 도전적 행동이 나왔을 때: 소거

예방전략 중재는 행동이 일어나기 전에 부적절한 표적행동이 잘 일어날 수 있는 사건과 상황을 바꾸어 미리 예방하는 것이다. 서식 6-1에서 사전 대응책 부분을 작성하는 것과 같은 개념이다. 컨디션을 확인하여 간식을 주거나, 쉬는 시간을 보다 자주 마련하거나, 지시하는 방식을 바꾸는 것, 물리적 환경의 재구성, 선택권 부여하기, 일과를 예고해 주는 등의 방법이다.

대체행동 중재는 목표행동을 가르치기 위한 전략으로 작성한다. 여러 가지 선행중재를 실시하여 표적행동이 줄어들었다고 하여도 대체행동을 습득하지 못하면 완벽하게 행동이 변화하지 못하고, 중재가 완성되지 못한다. 학생이 친구를 밀거나 꼬집지 않고도 자신이 원하는 장난감을 얻는 방법을 익히도록 가르치는 것이 목표행동 중재이다. 이를 위하여 학생에게 새로운 기술을 습득하게 하는 것을 목표로 삼고 가르친다. 이때 새로운 기술은 아이의 현재 수준에 맞게 설정하여야 한다. 즉, 요구하기를 가르치는 상황에서 말을 못하는 친구는 표정과 몸짓으로 표현하든지, 보완대체의사소통을 통하여 요구하는 방법을 가르쳐야 할 것이다. 그러나 말을 할 수 있는 친구의 경우에는 '주세요' 등의 간단한 발화를 교육해서 성취할 수 있도록 해야 한다. 이때 모델링, 촉구, 비연속개별시도교수(Discrete Trial Training: DTT), 직접교수(Direct Instruction: DT), 중심축훈련(Pivotal Response Training: PRT), 그림교환의사소통체계(Picture Exchange Communication System), 사회적 상황이야기(Social Stories™) 등 여러 가지 교수방법으로 가르칠 수 있다.

후속사건 중재는 행동 바로 뒤에 일어나는 반응을 바꾸어 미래의 행동을 변화시키는 것을 의미한다. 바람직한 행동에 대한 강화 방법이나 예방전략 중재와 대체행동 중재를 하였음에도 도전적 행동을 보일 때, 어떻게 대응해야 할지를 적는다. 후속사건 중재는 표적행동의 기능이 어떤가에 따라 달라진다고 할 수 있다. 예를 들어, 아이가 친구를 꼬집거나 밀치는 행동의 기능이 선호물 획득이라면 원하는 장난감을 요구하는 행동을 하게 하고, 장난감을 제공하는 형태의 차별강화를 활용하지만, 선생님의 관심을 얻기 위함이라면 손을 들고 선생님을 부르는 등의 행동을 목표행동으로 삼아 차별강화를 해야 한다.

Tip!

예방전략 중재와 대체행동 중재, 후속사건 중재의 가짓수나 기한은 정해져 있는 것이 아니다. 행동중재 전략 시트 작성 tip에서 다양한 아이디어를 적고 실천해 보며 하나씩 지워 가다 보면 현실적인 중재안이 만들어질 것이라고 제안하였다. 중재 계획도 마찬가지이다. 조금 번거로울 수는 있지만 짧은 주기로 중재 계획을 재작성하면서 행동중재를 실천하고, 실행했던 전략의 오류를 스스로 수정하며 일과 속에서 학생과 교사가 중재에 익숙해지는 것이 가장 이상적일 것이다.

서식 6-3. 중재 일지를 살펴보자.

중재를 계획하였다면 실행하는 것이 중요하다. 3단계의 내용을 모두 한 번에 실행하기가 어렵다면 일단 실천이 수월한 것부터 시작한다. 매일 일어나는 행동에 대한 중재라면 최소 일주일 정도는 중재하여 볼 것을 권한다. 그리고 그 내용을 바탕으로 서식 6-3의 중재 일지를 적는다.

〈표 6-5〉 서식 6-3의 기록 서식 작성 예시 ①

<table>
<tr><td rowspan="2">중재 기간</td><td rowspan="2">2024. 3. 18.~3. 29.</td><td rowspan="2">중재 회기</td><td rowspan="2">10회기</td><td>학생명</td><td>김그림</td></tr>
<tr><td>중재자</td><td>이사진</td></tr>
<tr><td>중재 계획</td><td colspan="5">• 물리적 환경 조성: 친구들을 밀치고 때릴 수 없도록 자리를 재배치, 놀이공간을 장난감 수납공간과 분리 배치
• 기능적 의사소통 훈련으로 요구하게 가르치기: 좋아하는 장난감 사진 카드를 장난감 수납공간과 자신의 책상 앞에 비치하고 기능적 의사소통 훈련으로 요구하게 가르치기
• 칭찬 및 강화물 제공: 사진 카드를 활용하여 요구하면 칭찬과 함께 원하는 장난감 제공
• 도전적 행동 제지, 대체행동 교수 및 차별강화 활용</td></tr>
</table>

중재 기간과 중재 회기를 작성하고 중재자를 적는다. 이때 중재 기간과 회기는 상황에 따라 다를 수 있고, 중재자는 여러 명이 될 수도 있다. 특히 중재를 여럿이서 하는 경우에는 누가 하더라도 일관된 방법을 유지해야 하므로 중재 계획을 공유하고 이 중에서 실천한 내용을 중심으로 적도록 한다.

중재 계획에는 그동안 실천해 온 모든 중재 계획과 그러한 계획을 세운 이유 등을 간략하게 적는다. 예를 들어, '물리적 환경 조성'이라고만 적으면 사람마다 머릿속에 그려지는 상황이 너무 다양하다. 따라서 읽는 사람의 이해를 돕고 추후 작성자나 다음 중재자가 학생의 새로운 중재 계획을 짤 때 도움이 되도록 간단히 상황이나 계획의 이유를 적는다.

〈표 6-6〉 서식 6-3의 기록 서식 작성 예시 ②

실천한 중재 내용 (중재했던 내용을 기재해 주세요.)		중재와 관련된 학생의 변화
예방전략 중재	• 책상을 재배치, 놀이공간과 장난감 선택 공간을 분리	• 물리적 공간 재배치만으로 친구를 때리는 횟수가 40% 정도 감소함
대체행동 중재	• 사진 카드를 교사에게 보여 주어 원하는 장난감 요구하기	• 놀이 시간에 스스로 카드를 교사에게 가져오기 시작함
후속결과 중재	• 바람직한 행동을 할 때: 칭찬과 요구하였던 장난감 제공하기 • 도전적 행동이 나왔을 때: 행동을 바로 제지하고 바람직한 행동을 촉구하고 바람직한 행동을 할 때 칭찬하고 장난감 제공	• 꼬집고 때리는 등의 도전적 행동의 비율이 확연하게 줄어들었고 카드를 활용한 요구행동을 습득함 • 장난감을 요구하는 빈도가 너무 잦아서 고민이 됨

예방전략 중재와 대체행동 중재, 후속결과 중재의 경우 서식 6-2와 대동소이하다. 배경사건, 선행사건을 분석하여 예방전략 중재 내용을 작성하고 표적행동을 대체할 바람직한 행동을 가르치기 위해 활용하였던 중재 전략과 후속결과에 대한 중재 내용을 작성한다. 만약 이 세 가지 내용을 모두 실천하는 것이 부담된다면 이 중에서 주로 실천했던 내용을 중심으로 작성하고 하나씩 전략을 추가해 나갈 수도 있다. 또한 계획에만 그치고 실천하지 못한 부분은 적지 않는다.

그동안 실천한 중재 내용을 기재하고, 중재 후 학생의 변화를 요약하여 적는다. 중재와 관련된 학생 변화의 경우, 중재 결과 부분에서 수집한 데이터를 통해 알 수 있으나, 수량화된 내용 이외에도 다음 계획을 수립할 때 참고가 될 만한 내용을 적는 것이 좋다. 이를테면, 요구하기를 기능적 의사소통 훈련으로 가르칠 때, 요구하기 행동이 익숙해지다 못해 너무 빈번해질 수 있다. 사진 카드 등으로 요구하기를 가르치고 나면 계속해서 사진 카드를 가지고 와서 요구하기만 하느라 아무것도 못하는 지경이 되는 식이다. 이때부터는 학생에게 요구할 수 있는 때와 요구를 할 수 없는 때를 변별하게 해 주거나, 요구하기의 행동을 보다 더 높은 수준의 요구하기 행동으로 가르치거나, 토큰 강화 등을 활용하여 강화를 지연시켜 주는 등의 중재 전략 계획 수정이 필요하다. 예를 들어, '주세요' 카드만 주면 요구한 강화물을 교사가 제공했는데, 이제 '장난감'과 '주세요' 카드 2개를 붙여야 요구한 강화물을 주는 방법을 가르칠 수 있다. 이렇게 중재로 인한 학생의 변화를 적는 것은 다음 계획에 중요한 tip이 될 수 있다.

중재를 실행하면서 학생의 행동 변화를 살펴보기 위해 표적행동과 목표행동의 변화에 대한 행동 자료를 수집하고 기록한다. 이는 중재의 효과를 평가할 수 있는 과학적인 방법이다. 중재 전에 수집한 자료를 통하여 기초선을 파악하고, 중재 시에 수집한 자료를 통하여 중재의 효과성을 파악한다. 따라서 중재 일지 안에도 이렇게 수집된 관찰자료가 담겨 있어야 할 것이다. 자료수집에 대한 자세한 내용은 앞서 '제3장 자료수집'의 내용에서 다루었고, 각 행동의 기능과 특징에 따라서 자료수집 방법을 선택할 수 있으며 그 방법에 따라 관련 서식을 선택하여 활용할 수 있다. 김그림 학생의 '꼬집고 때리는 행동'과 '사진 카드로 요구하기'의 경우에는 사건기록법 중에서 빈도기록법을 활용할 수 있다. 관련된 자료수집 서식 3-2(<표 6-7> 참조)를 먼저 이해하고, 이에 근거하여 서식 6-3의 기록(<표 6-8> 참조)을 살펴보면 도움이 될 것이다.

〈표 6-7〉 서식 3-2의 표적행동 기록 서식 작성 예시

대상 아동	김그림(사랑학교 2학년, 만 8세)					
관찰자	이사진					
관찰장소 및 상황	교실/점심시간 시간 이후, 놀이 시간					
표적행동	친구를 때리고 밀치기					
조작적 정의	친구의 신체 일부를 때리고, 꼬집거나 밀치는 등의 모든 공격행동 (예: 신체를 꼬집기, 밀쳐서 넘어뜨리기, 주먹으로 때리기 등)					
날짜	시간	행동 발생	합계	관찰시간	빈도/시간	분당 비율
3/18	12:30~13:00	✓✓✓✓✓✓✓✓	8	30분	8/30	0.27회
3/19	12:30~13:00	✓✓✓✓✓	5	30분	5/30	0.17회
3/20	12:30~13:00	✓✓	2	30분	2/30	0.07회
3/21	12:30~13:00	✓✓✓	3	30분	3/30	0.1회
3/22	12:30~13:00	✓✓	2	30분	2/30	0.07회
3/25	12:30~13:00	✓✓✓✓✓	5	30분	5/30	0.17회
3/26	12:30~13:00	✓✓	2	30분	2/30	0.07회
3/27	12:30~13:00	✓	1	30분	1/30	0.03회
3/28	12:30~13:00	✓✓	2	30분	2/30	0.07회
3/29	12:30~13:00	✓	1	30분	1/30	0.03회

이 중재 일지에 작성된 행동의 경우에는 '친구를 꼬집고 밀치는 행동'이 짧은 시간에 발생하는 경우가 대부분이다. 따라서 지속시간기록법보다 빈도기록법의 서식을 선택하여 작성하였다. 그러나 선호물 획득을 위한 도전적 행동인 '울고 떼쓰기'는 긴 시간 동안 멈추지 않는 텐트럼으로 이어지는 경우가 많으므로 빈도와 더불어 지속시간을 기록할 수도 있다.

Tip!

관찰 방법에 따라 빈도나 비율, 지속시간 등으로 측정의 내용이 달라질 수 있어 예시에는 모두 제시하였으나 이 역시, 필요한 부분을 위주로 작성하여 활용한다.

중재 결과는 표적행동과 목표행동으로 나누어 기재할 수 있는 서식이 제공되고 있다. 예를 들어, 표적행동이 '자리이탈'이고 목표행동이 '자리에 앉기'인 학생의 경우에는 표적행동이 감소하는 측정값과 더불어 목표행동이 증가하는 측정값을 작성할 수 있다. 또한 두 가지 행동을 모두 측정하는 것이 학생의 변화를 관찰하는 데 더 바람직하다. 그러나 만약 작성자가 측정과 자료수집에 있어 아직 서툴거나 두 가지 모두를 측정하기가 어려운 상황인 경우는 표적행동으로 정한 행동의 측정값을 선택하여 자료를 수집하고 작성해도 무방하다.

〈표 6-8〉 서식 6-3의 기록 서식 작성 예시 ③

중재 결과			
표적행동: 친구를 꼬집고 때리고 밀치기			
구분	빈도(회)	지속시간(초, 분, 시간)	
총계	31	-	
평균	3.1	-	
범위	1~8	-	
비율	0.105	산출근거	분당비율의 합÷10회

표적행동을 관찰한 기록지를 토대로 표적행동을 적고, 빈도의 총계와 평균, 범위와 비율을 작성할 수 있다.

〈표 6-9〉 서식 3-2의 목표행동 기록 서식 작성 예시

대상 아동	김그림(사랑학교 2학년, 만 8세)					
관찰자	이사진					
관찰장소 및 상황	교실/점심시간 시간 이후, 놀이 시간					
목표행동	사진 카드로 요구하기					
조작적 정의	원하는 장난감 사진 카드를 교사에게 보여 주며 요구하기					
날짜	시간	행동 발생	합계	관찰시간	빈도/시간	분당 비율
3/18	12:30~13:00		0	30분	0/30	0회
3/19	12:30~13:00	✓✓✓	3	30분	3/30	0.1회
3/20	12:30~13:00	✓✓✓✓✓	5	30분	5/30	0.17회
3/21	12:30~13:00	✓✓✓	3	30분	3/30	0.1회
3/22	12:30~13:00	✓✓✓✓	4	30분	4/30	0.13회
3/25	12:30~13:00	✓✓	2	30분	2/30	0.07회
3/26	12:30~13:00	✓✓✓	3	30분	3/30	0.1회
3/27	12:30~13:00	✓✓✓✓✓✓	6	30분	6/30	0.2회
3/28	12:30~13:00	✓✓✓✓✓✓✓	7	30분	7/30	0.23회
3/29	12:30~13:00	✓✓✓✓✓✓✓✓	8	30분	8/30	0.27회

〈표 6-10〉 서식 6-3의 기록 서식 작성 예시 ④

중재 결과			
목표행동: 사진 카드로 요구하기			
구분	빈도(회)	지속시간(초, 분, 시간)	
총계	41	–	
평균	4.1	–	
범위	0~8	–	
비율	0.144	산출근거	분당비율의 합÷10회

중재 종합평가와 특이사항에는 중재를 실천하며 느낀 점이나 특별히 기억해야 할 내용 등을 작성하면 된다. 이를 작성하면서 중재 내용에 대한 반성적 고찰이 이루어지고 행동중재와 관련된 실천적 지식을 얻을 수 있을 것이다. 이러한 내용을 토대로 다음 회기 계획을 작성하고 서식 6-1의 중재 계획 전략 시트나 서식 6-2의 중재 계획서를 활용하여 새로운 행동중재 계획을 수립할 수 있다.

〈표 6-11〉 서식 6-3의 기록 서식 작성 예시 ⑤

중재 종합평가 및 특이사항
• 학생의 표적행동인 '친구 꼬집고 때리고 밀기'의 경우, 중재를 시작한 이후 꾸준히 감소하여 10회기 중재 일이었던 3월 29일에는 놀이 시간(30분) 동안 한 번 정도 때리려는 시도가 있었으나 교사가 발견하고 바로 제지함 • 목표행동인 '사진 카드로 장난감 요구하기'의 경우는 일주일 동안은 습득에 시간이 걸리면서 크게 증가 추이를 보이지 않다가 2주 차에 접어들면서 기능을 습득하고 교사가 지시하지 않아도 카드를 자발적으로 건네며 요구하는 빈도가 많이 늘어나고 있으며 이 행동이 늘어나면서 표적행동은 줄어드는 추세를 보임 • 카드를 제시하면 요구를 들어준다는 것을 정확히 인지한 이후, 목표행동은 늘어나고 표적행동은 감소가 두드러지며 요구하기 기능이 향상되었음
다음 회기 계획
• 김그림 학생이 좋아하는 캐릭터 장난감을 새로 구매하여 강화물의 종류를 늘리고, 매력적인 장난감들을 통하여 카드를 활용한 요구하기에 대한 동기를 더 크게 부여하고자 함 • 놀이 시간 이외에도 좋아하지 않는 과목의 수업 시간에 수업 참여 행동을 증가시키는 전략으로 고정간격으로 요구할 기회를 제공하여 강화물을 제공하고자 함

중재결과가 정량적 자료수집을 통한 학생 행동의 변화를 보여 준다면 중재 종합평가 및 특이사항에는 질적인 자료를 작성한다고 할 수 있을 것이다. 학생을 중재하며 느낀 점이나 중재 중 특별했던 학생의 반응과 변화 등을 적는다.

다음 회기 계획은 이러한 모든 내용을 토대로 추후 중재 계획을 세울 때, 효과가 있는 전략은 더 강화하고 효과가 없는 전략은 수정하며 표적행동이나 목표행동을 바꾸는 등 다양하게 변화를 시도할 수도 있다. 또는 지금 중재 계획과 크게 다르지 않은 채 약간의 수정만 할 수도 있을 것이다.

Tip!

내가 세운 중재 계획을 일정 기간 진행하여도 효과가 없다고 느껴질 때는 6-1의 중재 전략 시트나 6-2의 중재 계획서를 활용하여 중재 계획을 수정하여 재실행한다.

서식 6-4. 중재 충실도를 살펴보자.

중재 충실도는 행동중재 계획에 있는 내용을 바탕으로 예방전략 중재, 대체행동 중재, 후속결과 중재에 해당하는 핵심적인 점검 내용을 작성한다. 예를 들어, 선행사건 중재로 시각적 일과와 프리맥의 원리를 활용한 경우, ① 일과 시작 전에 학생에게 시각적 계획표로 활동을 사전 안내하였다, ② 좋아하는 활동을 하기 전에 학습지를 먼저 제시하였다 등과 같이 작성할 수 있다. 중재 충실도를 알아보는 것은 다음 행동중재 계획에서 의사결정을 하는 데 중요한 자료가 된다. 교사는 주기적으로 중재 충실도를 점검하고 중재 계획 실행 초기에는 최소한 주 2회씩 중재 충실도를 측정하는 것이 좋다(Dunlap et al., 2020[2]).

〈표 6-12〉 서식 6-4의 기록 서식 작성 예시

학생명		김그림	중재 실행일			2024. 3. 18.		
작성자		이사진	점검표 작성일			2024. 3. 18.		
0: 전혀 그렇지 않다/1: 그렇지 않다/2: 조금 그렇다/3: 그렇다/4: 매우 그렇다								
개별지원 교사용 점검표								
항목	문항		평정척도(점수)					합계
			0	1	2	3	4	
배경사건 및 선행사건 중재								
1	나는 표적행동 감소를 위하여 적절하게 학생의 자리 배치와 활동 공간을 분리하였다.						✓	4
2	나는 학생에게 적절한 시점에 선택하기 전략을 사용할 수 있도록 요구를 표현할 기회를 주었다.						✓	4

2) Dunlap, G., Iovannone, R., Kincaid, D., Wilson, K., Christiansen, K., & Strain, P. S. (2020). **학교에서의 예방·교수·강화 모델**. 박지연, 심은정, 정지희, 백예은 역. 학지사.

행동중재 교수							
1	학생이 좋아하는 강화물을 찾기 위한 탐색을 실행하였다.				✓		3
2	요구하기에 대한 기능적 의사소통 훈련을 위한 사진 카드를 제작하여 제공하였다.					✓	4
3	목표행동을 위한 기능적 의사소통 훈련에 대하여 매일 일정 시간 동안 지도하였다.					✓	4
후속결과 중재							
1	학생이 사진 카드를 제시하여 요구하면 3초 이내에 칭찬하였다.				✓		3
2	학생이 목표행동을 수행하면 바로 강화물(요구한 장난감)을 제공하였다.					✓	4
3	중재를 수행하였음에도 도전적 행동이 나왔을 때 행동 제지→교수→차별강화의 순으로 전략을 활용하였다.				✓		3
비고	놀이 시간(12:30~13:30)마다 학생의 행동을 관찰하여 기록하였다.					✓	4
합계		(33/36)×100=91.7%					

중재 충실도의 문항은 실천하는 중재의 계획을 점검하는 문항으로서 그때마다 점검이 충실하게 이루어질 수 있도록 관련 문항을 자신이 작성하여 점검한다. 중재 충실도는 각 평정척도 점수의 총합을 전체 점수로 나누어 100을 곱하여 백분율로 산출한다.

표적행동의 감소와 목표행동의 증가가 자료를 통하여 확인되지 않는 경우는 계획을 수정하기 전에 중재 충실도 점수를 검토하여 중재가 정확하게 실행되고 있는지를 파악해야 한다. 낮은 실행도의 원인이 될 만한 요소를 생각하여 그 부분을 수정해야 한다.

Tip!

중재 충실도가 낮은 경우의 예

- 지원이나 자원이 부족한 경우
- 예상보다 중재가 실행하기 어려운 경우
- 교사가 중재를 준비하고 실행할 시간이 부족한 경우
- 행동 표류의 경우(충실하게 계획을 실행하다가 점차 그렇게 하지 못하는 경우)

중재가 충실하게 실행되면 학생들은 표적행동이 감소하고 목표행동이 증가하기 마련이다. 그러나 수립된 계획이 충실히 진행되어도 학생의 행동에 변화가 없는 경우가 있을 수 있다. 이러한 상황은 학생의 도전적 행동이 대체행동으로 선택한 목표행동보다 더 효율적이며 중재 계획이 학생의 행동을 변화시키기에는 다소 약했을 때 일어날 수 있다. 또한 학생의 표적행동이 때로 다양한 기능을 갖추고 있거나 여러 가지 행동들을 통하여 자신이 얻고자 하는 것을 획득하고 있는 경우에도 마찬가지로 중재의 효과가 나타나기 어려울 수 있다.

Tip!

중재 충실도가 높은데 학생의 행동이 변화가 없는 경우에 고려할 사항

- 행동의 기능을 올바르게 파악했는가?
- 실천하고 있는 중재 전략이 행동의 기능에 적절한가?
- 예방전략을 통하여 선행사건이 확실하게 수정되었는가?
- 예방전략이 도전적 행동이 발생하기 전에 실행되었는가?
- 강화제가 학생이 좋아하는 것이며 적절하고 제공하기 쉬운 것인가?
- 목표행동이 명확하게 정의되었는가?
- 목표행동을 수행하는 데 필요한 기술을 갖고 있는가?
- 목표행동을 획득하기 위하여 학생에게 기능습득을 위한 교수를 수행하는가?

제 7 장

종결 보고

서식 7-1. 긍정적 행동지원 계획 및 종결 보고서를 살펴보자.

앞서 작성하였던 학생의 기초자료, 표적행동과 목표행동, 기능평가 내용과 행동중재 계획 및 중재 결과가 기술된 종결 보고서 양식이다. '기록되지 않은 것은 기억되지 않는다' 말이 있고, '둔한 붓이 총명함을 이긴다'라고도 한다. 기록해 두지 않고 힘들게 시기를 보내며 그저 그 시간을 기억에 의지하는 것은 과학적이지도 못하거니와 효율적이지도 않은 일이다.

행동중재를 위하여 이 모든 서식을 활용하여 충실히 실천하고 이를 기록하여 누적하였다면 그 내용을 잘 정리하여 기록해 둘 것을 추천한다. 서식 7-1의 긍정적 행동지원 계획 및 종결 보고서는 내가 맡은 학생의 미래를 위한 가장 가치 있는 자료가 될 것이다.

1. 대상자 기초정보

대상자 기초정보는 요약 정리하여 작성한다. 사전에 수집하였던 기초정보 중에서 종결 보고에 꼭 필요한 부분만 서식으로 만들 수 있다.

〈표 7-1〉 서식 7-1의 기록 서식 작성 예시 ①: 김○○ 학생

학교명	사랑학교	담당 교사	이사진
학생명/성별	김그림 남/2학년	장애 유형/연령	자폐성 장애/9세
정신의학적 약물치료	ADHD 약물 복용	장애 정도 및 특징	경함 □ 심함 ☑ 언어적 의사소통이 어렵고, 타해 행동 있음

현행수준	• 평소 자기 의사 표현이나 요구사항을 말로 표현하지 못하여 짜증을 많이 냄 • 원하는 것이 있을 때, 기다리지 못하고 바로 자신이 원하는 물건이나 음식, 활동 등을 획득해야 함 • 카드를 활용하여 같은 그림 찾기, 패턴 인지, 분류하기 등을 할 수 있음 • 교사에게 선호물 카드를 짚거나 직접 건네주는 등의 행동으로 의사 표현이 가능함 • 사물, 동물, 음식 등의 낱말 카드를 듣고 고르는 활동이 가능하며 오류가 적음 (평균 10회 중 9회 이상 성공) • 직관적으로 양 개념 등을 획득하고 있어 다섯 가지 이내의 구체물을 통하여 많은 것과 적은 것 등을 구별할 수 있음

정신의학적 약물치료는 ADHD 약물 복용이라고만 적어 두어도 된다. 필요에 따라 학생의 행동관찰과 약물 복용의 상황에 대하여 보다 면밀히 살펴보기 위하여 자세한 기록(구체적인 약명이나 용량, 투약시기 등)을 하는 경우가 있다. 이럴 때는 학생의 의료적 개인정보가 노출되지 않도록 유의하고 반드시 부모의 동의를 받고 기록하여 활용하도록 한다.

장애 정도 및 특징은 경함과 심함으로 나누어 체크하고, 학생의 장애 정도에 대하여 간략하게 기재한다. 김그림 학생의 경우, 언어적으로 의사소통이 어렵다는 점과 타인에 대한 공격행동이 나타난다는 특징을 기록하면 행동중재 계획과 실행에 도움을 줄 수 있다.

현행수준은 학생의 인지 학습 능력을 비롯한 학생 발달상의 부분을 현재 시점에 맞추어 적는 것이다. 더 객관적인 정보를 제공할 수 있도록 기술하면 중재 이후, 다음 계획을 수립할 때 더 큰 도움이 될 수 있다. 예를 들어, '사물, 동물, 음식 등의 낱말 카드를 고르는 활동이 가능하다'라고 적을 수도 있지만 '사물, 동물, 음식 등의 낱말 카드를 고르는 활동의 오류가 적음(평균 10회 중 9회 이상 성공)'처럼 보다 구체적이고 객관적으로 적는 편이 좋다.

2. 표적행동 및 목표행동

표적행동 및 목표행동의 경우, 표적행동은 행동중재를 통하여 소거하고자 하는 도전적 행동을 작성하고 목표행동은 바람직한 행동으로 작성한다. 추상적인 용어를 사용하지 않고, 구체적이고 관찰 가능한 용어로 조작적 정의를 하는 것이 중요하며 부정형보다는 행동의 묘사나 긍정적인 문장으로 작성한다.

〈표 7-2〉 서식 7-1의 기록 서식 작성 예시 ②

표적행동	친구를 꼬집고 때리고 밀치기
목표행동	사진 카드로 원하는 것을 요구하기

〈표 7-3〉 서식 7-1의 기록 서식 작성 예시 ③

	중재기간	행동
표적행동	3. 15.~4. 15.	친구를 꼬집고 때림
	4. 20.~5. 20.	자리에서 일어나 교실 안을 서성거림
	5. 30.~6. 30.	책상 위의 물건을 사람을 향하여 던짐
목표행동	중재기간	행동
	3. 15~4. 15.	사진 카드로 원하는 것을 요구하기
	4. 20.~5. 20.	수업 시간에 자리에 앉아서 교사를 바라봄
	5. 30.~6. 30.	'쉬고 싶어요' 카드로 휴식 의사를 밝히기

학기나 학년도 그동안 바뀌었을 수 있다. 누적하여 중재 일지를 써 왔다면 그러한 내용을 반영하여 칸을 나누어 〈표 7-3〉의 작성 예시 ③과 같이 여러 가지를 적고 중재 기간을 작성하는 것도 좋다.

3. 기능평가

기능평가는 중재에 앞서 학생의 도전적 행동이 가진 기능을 알아보기 위하여 학생의 주변 인물을 인터뷰하거나 행동을 관찰 기록(A-B-C 분석)과 동기사정척도(MAS, QABF), 학생의 감각프로파일 등을 작성한다. 이 중 중재 결과 기록지에는 내용을 압축적으로 기록해 두면서도 중재의 상황과 과정을 이해하는 데 도움이 될 수 있는 A-B-C 분석 결과의 요약문, 동기사정척도(MAS, QABF)의 결과, 감각프로파일 결과를 작성하였다.

감각프로파일의 경우, 도전적 행동의 기능이 감각 추구인 학생에게 많은 도움을 줄 수 있다. 감각추구 기능을 보이는 민소리 학생의 예와 선호물 획득 기능을 보이는 김그림 학생의 예는 다음과 같다.

1) A-B-C 관찰 기록 요약문

(1) 민소리 학생

선행사건(Antecedent: A)	도전적 행동(Behavior: B)	결과(Consequence: C)
일찍 등교하여 빈 교실의 매트 위에 앉아 있음	몸을 움직이며 소리내기 시작함	선생님이 제지하자 잠시 멈추었다가 더 세게 턱을 때리기 시작하다 3분 뒤 그침
점심시간에 밥을 다 먹고 다른 친구들을 기다리며 가만히 앉아 있음	몸을 움직이며 소리내기 시작함	선생님이 제지하여도 더 센 강도로 턱을 때리다 2분 뒤 그침

(2) 김그림 학생

선행사건(Antecedent: A)	도전적 행동(Behavior: B)	결과(Consequence: C)
놀이 시간에 친구들이 장난감을 가지고 놀고 있음	A 친구를 밀쳐 넘어뜨림	A가 가지고 놀던 자동차 장난감을 가지고 놀 수 있게 됨
놀이 시간에 친구들이 블록 놀이를 하고 있음	B에게 다가가서 블록을 뺏고 친구를 꼬집음	B가 쌓고 있던 블록을 쌓기 시작함

A-B-C 분석할 때 요약은 모든 분석을 다 기록하기보다 분석한 내용 중에서 행동의 기능이 가장 선명하게 드러난 내용을 중심으로 요약하여 적는다.

Tip!

행동이 달라지며 중재를 장기간 실행하였다거나 하나의 행동이 여러 가지 기능이 있는 경우에는 그러한 것들이 다 담길 수 있도록 작성하도록 한다.

동기사정척도는 MAS와 QABF 중 하나를 적을 수도 있고, 둘 다 했다면 두 결과를 모두 작성할 수도 있다.

다음의 예시 1은 '몸을 움직이며 소리내기' 행동을 지속적으로 보이는 학생 민소리의 동기사정척도(MAS) 결과이다.

2) 예시 1: 동기사정척도(MAS) 결과

MAS 보고서					
학생	민소리	성별 및 연령(학년)	남/10세(초2)	작성날짜	2024. 3. 15.
작성자	이노력	학생과의 관계	담임교사		
문제행동	몸을 움직이며 소리내기				
MAS 그래프					

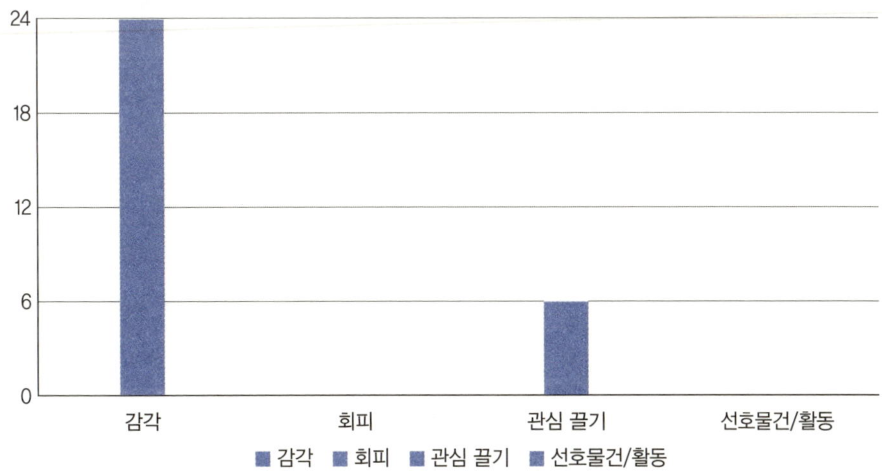

참고점수											
구분	전체 점수	평균 점수	문항점수								
감각	24	6	1번	6	5번	6	9번	6	13번	6
회피	0	0	2번	0	6번	0	10번	0	14번	0
관심 끌기	6	1.5	3번	3	7번	3	11번	0	15번	0
선호물건/활동	0	0	4번	0	8번	0	12번	0	16번	0

민소리 학생은 조금 무료하거나 자신의 흥미를 끌지 못하는 과제가 나오면 소리를 그치지 않고 지른다. 평소에 몸에 힘을 주었다 뺐다 하고 양손을 눈앞으로 모아서 손가락을 펄럭거리는 행동을 자주 한다. 이러한 행동을 제지하면 잠깐 멈추지만 금세 다시 시작되어 수업에 방해가 된다. 가만히 두어도 소리를 내는 행동은 잘 멈추지 않고 관심을 주어도 그러한 행동은 그치지 않으며 훈계를 하여도 그때뿐이며 다음 시간이 되면 다시 똑같은 행동을 하며 쉴 새 없이 소리를 지른다.

이노력 교사가 민소리 학생의 행동의 기능을 파악하기 위하여 소리 지르기를 포함한 반복적인 행동에 대해 동기사정척도(Motivation Assessment Scale: MAS)를 작성하였더니 감각추구 가능성이 높게 나타났다.

감각프로파일의 경우, 학생의 감각추구 성향을 이해하는 데 도움이 될 수 있다. 특히 기능평가 결과, 감각추구 기능이 있다고 보이는 학생은 활용해 보면 좋다. 이노력 교사는 이 학생의 감각프로파일을 알아보고자 감각프로파일을 작성해 보았다.

〈표 7-4〉 민소리 학생의 감각프로파일

촉각 민감성	항상	자주	종종	가끔	전혀
1. 몸단장하는 동안 괴로워한다(예: 머리 깎기, 세수하기, 손톱 깎기 등의 몸단장을 하는 동안 떼를 부리거나 운다).	1	2	3	4	✓
2. 더울 때 긴 옷을 또는 추울 때 짧은 옷 입기를 더 좋아한다.	1	2	3	4	✓
3. 맨발로 걸어 다니기를 피한다(특히 모래나 풀밭에서 맨발로 걸어 다니는 것을 싫어한다).	1	2	3	✓	5
4. 몸에 다른 사람이나 사물이 닿는 것에 대해 짜증을 내거나 화를 낸다.	1	2	3	4	✓
5. 물이 튀면 움츠리며 피한다.	1	2	3	4	✓
6. 다른 사람과 가까이 서 있거나 줄 서기를 어려워한다.	1	2	3	4	✓
7. 사람이나 물건이 닿은 부위를 문지르거나 긁는다.	1	2	3	4	✓
맛/냄새 민감성	**항상**	**자주**	**종종**	**가끔**	**전혀**
8. 일상적으로 먹는 음식에서 어떤 맛이나 냄새를 피한다.	1	2	3	4	✓
9. 어떤 맛의 음식만을 먹으려 한다.	1	2	3	4	✓
10. 특정한 질감이나 온도의 음식을 먹지 않으려고 한다(예: 딱딱함, 부드러움, 물렁물렁함 등의 질감이나 뜨겁거나 찬 음식을 먹지 않으려 한다, 종류: 국, 국물에 말은 밥).	1	2	3	4	✓
11. 식성이 까다롭다. 특히 음식의 질감에 민감하다.	1	2	3	4	✓
움직임 민감성	**항상**	**자주**	**종종**	**가끔**	**전혀**
12. 두 발이 땅에서 떨어지면 불안해하거나 무서워한다(예: 안아 올릴 때 무서워한다).	1	2	3	4	✓
13. 높은 곳에서 뛰어내리기를 두려워한다.	1	2	3	4	✓
14. 머리가 아래로 향하는 활동을 싫어한다(예: 재주넘기, 거꾸로 들어주기).	1	2	3	4	✓
과소반응/특정 자극 추구	**항상**	**자주**	**종종**	**가끔**	**전혀**
15. 이상한 소리를 즐긴다/소리를 만들어 내는 것을 즐긴다.	✓	2	3	4	5
16. 계속 움직여서 일상생활이 방해받는다(예: 자리에 앉아 있지 못하고 안절부절못한다).	✓	2	3	4	5
17. 움직이는 활동을 하는 동안 과도하게 흥분하다.	✓	2	3	4	5
18. 사람과 사물을 만지는 행동을 한다.	✓	2	3	4	5

19. 얼굴이나 손에 무엇인가 묻었을 때 알아채지 못하는 것처럼 보인다.	1	2	3	✓	5
20. 놀이 활동에 방해가 될 만큼 한 가지 활동을 오래 하지 못하고 이것저것 한다.	1	✓	3	4	5
21. 입은 옷이 꼬여 있어도 가만히 둔다.	1	2	✓	4	5
청각여과	**항상**	**자주**	**종종**	**가끔**	**전혀**
22. 주변이 시끄러우면 활동하는 데 문제가 있거나 산만해진다.	✓	2	3	4	5
23. 말하는 것을 듣지 않는 것처럼 보인다(예: 당신의 말에 반응을 보이지 않거나 무시하는 것처럼 보인다).	✓	2	3	4	5
24. 주변에서 나는 소리 때문에 놀이나 학습을 할 수 없다(예: 환풍기 돌아가는 소리, 냉장고 소리).	1	✓	3	4	5
25. 라디오가 켜져 있으면 과제를 완성하기 어렵다(하던 것을 완성하기 어렵다).	✓	2	3	4	5
26. 청력은 문제가 없는데 이름을 부르면 반응하지 않는다.	1	2	✓	4	5
27. 집중하는 데 어려움이 있다.	✓	2	3	4	5
활력 부족 및 허약	**항상**	**자주**	**종종**	**가끔**	**전혀**
28. 근력이 약해 보인다.	1	2	3	4	✓
29. 쉽게 피곤해 보인다. 특히 서 있거나 특정한 자세를 유지할 때 피곤해한다.	1	2	3	4	✓
30. 잡는 힘이 약하다.	1	2	3	4	✓
31. 무거운 물건을 들지 못한다(예: 또래 아이와 비교해서 약하다).	1	2	3	4	✓
32. (활동하는 동안에도) 몸을 지탱하려고 기대어 있는다.	1	✓	3	4	5
33. 무엇을 할 때 쉽게 지친다/끈기가 없다.	1	2	✓	4	5
시각/청각 민감성	**항상**	**자주**	**종종**	**가끔**	**전혀**
34. 예상치 못한 소리나 큰 소리에 부적절하게 반응한다(예: 청소기 소리, 개 짖는 소리, 헤어드라이어 소리가 나면 숨거나 운다).	✓	2	3	4	5
35. 특정한 소리가 나면 손으로 귀를 막는다.	✓	2	3	4	5
36. 다른 사람은 적응할 수 있는 밝은 빛을 견디기 힘들어한다.	1	2	3	4	✓
37. 방에서 사람이 움직이는 것을 주시한다.	1	2	3	4	✓
38. 빛으로부터 눈을 가리거나 감는다.	1	2	3	4	✓

3) 민소리 학생의 감각프로파일 결과

구분	점수/총합	정상범위	문제 가능성	확연한 문제
촉각 민감성	34/35	35——30	29——27	26——7
맛/냄새 민감성	20/20	20——15	14——12	11——4
움직임 민감성	15/15	15——13	12——11	10——3
과소반응/특정 자극 추구	13/35	35——27	26——24	23——7
청각여과	9/30	30——23	22——20	19——6
활력 부족 및 허약	25/30	30——26	25——24	23——6
시각/청각 민감성	17/25	25——19	18——16	15——5
합계	133/190	190——155	154——142	141——38

민소리 학생의 감각프로파일 결과, 점수는 190 중 133점으로 '확연한 문제'가 있는 것으로 보인다. 세부적으로 살펴보면 정상범위인 감각은 '촉각 민감성' '맛/냄새 민감성' '움직임 민감성'이다. 그러나 '활력 부족 및 허약'과 '시각/청각 민감성'에 문제 가능성이 있다고 나타났으며 '과소반응/특정 자극 추구' '청각여과'에서 '확연한 문제'가 있는 것으로 나타났다.

조금 더 세부적으로 내용을 살펴보면 민소리 학생은 이상한 소리를 즐기거나 소리를 만들어 내는 것을 즐기며 계속 움직여서 일상생활에 방해를 받을 정도이다. 이렇게 움직이는 동안 과도하게 흥분을 하면 또 소리를 지르기 시작하고 멈추지 못한다. 사람과 사물을 만지는 것을 좋아하며 놀이 활동의 집중시간이 짧아 이것저것을 산만하게 하려고 하는 것으로 나타났다. 소리를 지르거나 몸을 움직이는 행동으로 각성을 높이면 일상생활 속에서 집중하여 한 가지 일을 해내는 것에 어려움이 있으므로 상동행동이 시작되면 너무 오랫동안 지속되지 않도록 주의를 기울여 행동을 제지할 필요가 있다고 생각되었다. '청각여과'에서 보이는 문제는 주변이 시끄러우면 항상 활동하는 데 문제가 있거나 산만해지고, 상대방의 말을 듣지 않는 것처럼 보이며 종종 이름을 불러도 반응하지 않았다. 집중하는 데 늘 어려움을 겪고 있다. 민소리 학생은 '청각여과'의 확연한 문제로 인하여 선택적 집중과 학습활동에 큰 어려움을 겪고 있는 것으로 보인다. '문제 가능성'이 있어 보인다는 결과가 나온 '시각/청각 민감성'에서도 주로 청각적인 반응에 문제가 있었다. 민소리 학생은 항상 예상하지 못한 소리나 큰 소리에 부적절하게 반응하거나 특정한 소리(엘리베이터 벨소리 등)가 나면 손으로 귀를 막는다. 민소리 학생은 청각적인 예민도로 인하여 주의가 쉽게 흐트러지거나 교사의 지시에 제때 반응하지 못하는 반응지연을 보이는 듯하다. 따라서 상황에 따라 헤드셋, 귀마개 등을 적절히 활용하여 주변의 소리를 걸러 주고 수어나 손을 활용한 시각적 자극을 통해 지시를 내리거나 동작 지시를 섞어 교수 지시를 주고자 하였다.

다음의 예시 2는 '친구들을 꼬집고 밀치기' 행동을 지속적으로 보이던 학생 김그림의 동기사정척도(Question About Behavioral Function: QABF) 작성 내용과 결과이다.

Timothy R. Vollmer & Johnny L. Matson **QABF** Questions About Behavior Function	평정자	이○○	날짜	2024. 3. 15.
	ID 번호		학생 이름	김○○
	나이	9세	성별	남

관심습득 기능	관심습득 기능/심각도	회피 기능	회피 기능/심각도	비사회적 기능	비사회적 기능/심각도	신체적 기능	신체적 기능/심각도	강화물습득 기능	강화물습득 기능/심각도
5	15	5	15	5	15	5	15	⑤	⑮
	14		14		14		14		14
	13		13		13		13		13
4	12	4	12	4	12	4	12	4	12
	11		11		1		11		11
	10		10		10		10		10
3	9	3	9	3	9	3	9	3	9
	8		8		8		8		8
	7		7		7		7		7
2	6	2	6	2	6	2	6	2	6
	5		5		5		5		5
	4		4		4		4		4
1	3	1	3	1	3	1	3	1	3
	2		2		2		2		2
	1		1		1		1		1
⓪	⓪	⓪	⓪	⓪	⓪	⓪	⓪	0	0

행동기능설문지 채점표

목표행동: 꼬집고 밀치는 행동

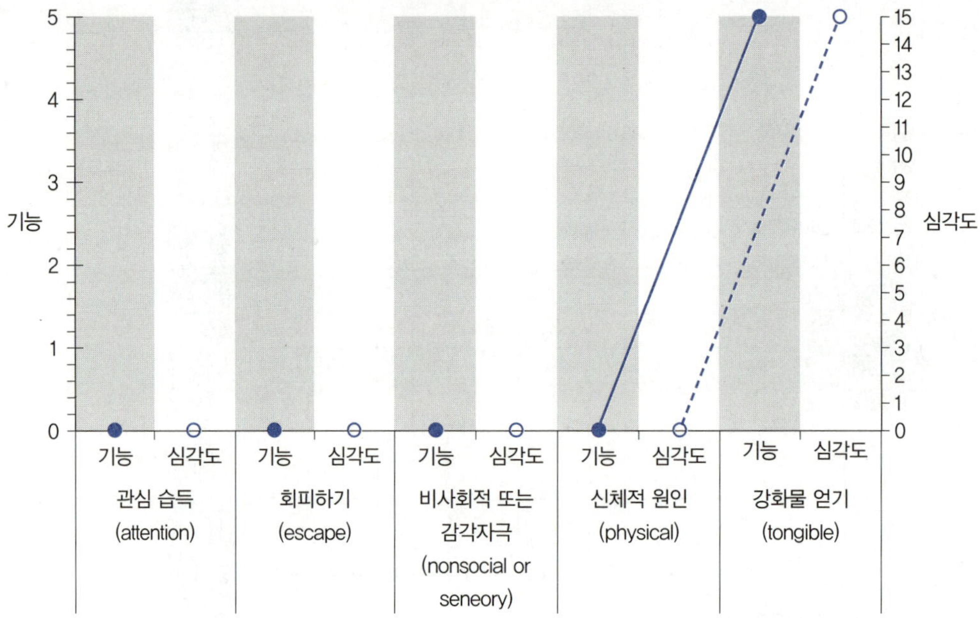

QABF 설문 결과, 김그림 학생의 '꼬집고 밀치는 행동'은 강화물을 얻기 위한 것이 기능이며 심각도가 15점으로 심각하다. 이러한 결과를 바탕으로 강화물을 얻기 위하여 의사소통하는 바람직한 방법을 대체행동으로 가르치면서 예방전략(배경사건 중재, 선행사건 중재)과 후속결과 중재 전략을 수립해야 한다. 이사진 교사가 세운 김그림 학생의 '꼬집고 밀치는 행동'에 대한 중재 전략은 다음과 같다.

4. 긍정적 지원 중재 전략

이사진 교사는 김그림 학생의 '꼬집고 밀치는 행동'을 '사진 카드로 요구하기'라는 긍정적 행동으로 변화시키기 위하여 다음의 표와 같이 중재 전략을 수립하였다.

중재 실시기간과 총 회기 수를 적는다. 중재 실시기간이 10일이어도 중재 회기는 중재를 시행한 시간이나 횟수로 따져 날짜보다 더 많을 수도 있다. 참여 교사 수는 중재에 직접 참여한 인원을 적으면 된다.

중재 실시기간	2024. 3. 18.~3. 29.		
총 회기 수	10회기	참여 교사 수	1명(보조인력 1명)
중재 충실도(%)	91.7%	사회적 타당도(%)	95%

이사진 교사가 김그림 학생의 '꼬집고 밀치는 행동'을 '사진 카드로 요구하기' 행동으로 변화시키기 위하여 세운 중재 계획은 다음의 표와 같다.

배경사건 중재	선행사건 중재	대체행동 중재	후속결과 중재
• 친구들과 떨어져 앉을 수 있도록 자리 배치 변경 • 놀이공간과 장난감 수납공간 분리 배치	• 장난감 수납공간에서 선택하여 요구할 수 있도록 사진 카드를 배치 • 장난감 선택권을 다른 학생보다 먼저 주기	• 사진 카드를 활용하여 좋아하는 장난감 요구하기(기능적 의사소통 훈련) 교수	• 바르게 요구하였을 때: 칭찬과 함께 바로 요구하는 장난감 제공 • 도전적 행동 발생 시: 바로 제지하고 목표행동을 지도한 후 차별강화

배경사건 중재와 선행사건 중재는 모두 예방전략이다. 배경사건의 경우, 도전적 행동이 일어나기 직전보다 더 이전의 환경 조성 측면으로 이해할 수 있다. 예를 들어, 자리 배치를 바꾸거나 교실 환경을 구조화하는 것 등이다.

김그림 학생의 경우에는 친구들을 꼬집거나 때리고 밀치는 등의 공격행동이 나타나므로 배경사건 중재로 자리를 친구들과 떨어져 앉을 수 있도록 배치하였다. 이때 유념할 사항은 이 자리 배치 변경이 김그림 학생의 학습권을 침해하지 않아야 함을 고려하는 것이다.

또 하나의 배경사건 중재는 장난감을 가지고 놀다가 빈번하게 도전적 행동이 일어나고 있으므로 놀이공간과 장난감 수납공간을 분리 배치하였다.

선행사건 중재는 도전적 행동이 일어나는 직전의 상황을 변경하여 예방하는 것으로 생각하기 쉽다. 이를테면 자리배치도 바꾸었고, 환경도 구조화하였으나 다른 아이들이 김그림이 갖고 놀고 싶은 장난감을 가지고 놀게 되면 어떠한가? 김그림은 바로 도전적 행동을 통하여 선호하는 장난감을 획득하려고 할 것이다. 따라서 항상 장난감 수납공간에서 장난감을 선택하여 요구할 수 있도록 메뉴판처럼 선호하는 장난감의 사진 카드를 배치하고 선택하기 전략을 활용하도록 한다.

대체행동 중재는 기능적 의사소통 훈련이다. 즉, 목표행동으로 수립한 '사진 카드로 요구하기'를 놀이 시간마다 지도하는 것이다.

후속결과 중재는 차별강화와 소거를 사용한다. 즉, 바르게 요구하였을 때는 칭찬과 함께 바로 요구하는 장난감을 제공한다. 그러나 바른 방법으로 요구하지 않고 도전적 행동을 보일 때에는 바로 제지하고 목표행동인 사진 카드로 요구하기를 재지도한 후, 칭찬하며 장난감을 준다.

5. 긍정적 지원 중재 결과(질적 및 양적 결과)

1) 학생의 행동변화(양적 부분: 사건기록법)

이사진 교사는 김그림 학생의 도전적 행동인 '친구를 때리고 밀치는 행동'에 대한 대체행동 중재로 '사진 카드로 요구하기'를 가르치는 것으로 정했다. 중재와 행동관찰은 교실에서 또래들과 놀이 활동이 이루어지는 식사 후, 점심시간에 주로 이루어졌다.

관찰시간	매일 점심시간 (12:30~13:00)					관찰행동			친구를 때리고 밀치는 횟수						
구간 (기초선, 중재, 유지, 일반화)	기초선 →					중재 →									
회기	1	2	3	4	5	6	7	8	9	10	11	12	13	14	15
날짜	3/11	3/12	3/13	3/14	3/15	3/18	3/19	3/20	3/21	3/22	3/25	3/26	3/27	3/28	3/29
행동 발생 (빈도)	20	20	20	20	20	20	20	20	20	20	20	20	20	20	20
	19	19	19	19	19	19	19	19	19	19	19	19	19	19	19
	18	18	18	18	18	18	18	18	18	18	18	18	18	18	18
	17	17	17	17	17	17	17	17	17	17	17	17	17	17	17
	16	16	16	16	16	16	16	16	16	16	16	16	16	16	16
	15	15	15	15	15	15	15	15	15	15	15	15	15	15	15
	14	14	14	14	14	14	14	14	14	14	14	14	14	14	14
	13	13	13	13	13	13	13	13	13	13	13	13	13	13	13
	12	12	12	12	12	12	12	12	12	12	12	12	12	12	12
	11	11	11	11	11	11	11	11	11	11	11	11	11	11	11
	10	10	10	10	10	10	10	10	10	10	10	10	10	10	10
	⑨	9	⑨	9	9	9	9	9	9	9	9	9	9	9	9
	8	⑧	8	⑧	⑧	⑧	8	8	8	8	8	8	8	8	8
	7	7	7	7	7	7	7	7	7	7	7	7	7	7	7
	6	6	6	6	6	6	6	6	6	6	6	6	6	6	6
	5	5	5	5	5	5	⑤	5	5	5	⑤	5	5	5	5
	4	4	4	4	4	4	4	4	4	4	4	4	4	4	4
	3	3	3	3	3	3	3	3	③	3	3	3	3	3	3
	2	2	2	2	2	2	2	②	2	②	2	②	2	②	2
	1	1	1	1	1	1	1	1	1	1	1	1	①	1	①
평균	8.4					2.7									
범위	8~9					1~8									

선호물 획득을 위하여 '친구를 때리고 밀치는 행동'은 행동의 시작과 끝이 명확하고 비교적 짧은 시간에 발생했다가 사라지는 행동으로 사건기록법을 사용하는 것이 적합하다. 본 내용은 서식 3-2-1 중에서 행동관찰측정표(빈도기록법)를 활용하여 작성하였다.

행동의 발생 빈도가 기초선 기간에 범위 8~9로 나타나다가 중재를 시작하며 5→2로 감소하여 줄어들더니 주말을 지나고 온 월요일에 2→5로 잠시 증가하였다가 다시 감소한다. 이는 도전적 행동이 줄어드는 추세를 보이며 중재가 효과적이라고 볼 수 있다.

도전적 행동과 더불어 목표행동의 습득에 대한 부분도 관찰하여 기록할 필요가 있다.

<table>
<tr><td>관찰시간</td><td colspan="5">매일 점심시간
(12:30~13:00)</td><td colspan="3">관찰행동</td><td colspan="7">사진 카드로 요구하기 횟수</td></tr>
<tr><td>구간
(기초선,
중재,
유지,
일반화)</td><td colspan="5">→
기초선</td><td colspan="10">→
중재</td></tr>
<tr><td>회기</td><td>1</td><td>2</td><td>3</td><td>4</td><td>5</td><td>6</td><td>7</td><td>8</td><td>9</td><td>10</td><td>11</td><td>12</td><td>13</td><td>14</td><td>15</td></tr>
<tr><td>날짜</td><td>3/11</td><td>3/12</td><td>3/13</td><td>3/14</td><td>3/15</td><td>3/18</td><td>3/19</td><td>3/20</td><td>3/21</td><td>3/22</td><td>3/25</td><td>3/26</td><td>3/27</td><td>3/28</td><td>3/29</td></tr>
<tr><td rowspan="21">행동
발생
(빈도)</td><td>20</td><td>20</td><td>20</td><td>20</td><td>20</td><td>20</td><td>20</td><td>20</td><td>20</td><td>20</td><td>20</td><td>20</td><td>20</td><td>20</td><td>20</td></tr>
<tr><td>19</td><td>19</td><td>19</td><td>19</td><td>19</td><td>19</td><td>19</td><td>19</td><td>19</td><td>19</td><td>19</td><td>19</td><td>19</td><td>19</td><td>19</td></tr>
<tr><td>18</td><td>18</td><td>18</td><td>18</td><td>18</td><td>18</td><td>18</td><td>18</td><td>18</td><td>18</td><td>18</td><td>18</td><td>18</td><td>18</td><td>18</td></tr>
<tr><td>17</td><td>17</td><td>17</td><td>17</td><td>17</td><td>17</td><td>17</td><td>17</td><td>17</td><td>17</td><td>17</td><td>17</td><td>17</td><td>17</td><td>17</td></tr>
<tr><td>16</td><td>16</td><td>16</td><td>16</td><td>16</td><td>16</td><td>16</td><td>16</td><td>16</td><td>16</td><td>16</td><td>16</td><td>16</td><td>16</td><td>16</td></tr>
<tr><td>15</td><td>15</td><td>15</td><td>15</td><td>15</td><td>15</td><td>15</td><td>15</td><td>15</td><td>15</td><td>15</td><td>15</td><td>15</td><td>15</td><td>15</td></tr>
<tr><td>14</td><td>14</td><td>14</td><td>14</td><td>14</td><td>14</td><td>14</td><td>14</td><td>14</td><td>14</td><td>14</td><td>14</td><td>14</td><td>14</td><td>14</td></tr>
<tr><td>13</td><td>13</td><td>13</td><td>13</td><td>13</td><td>13</td><td>13</td><td>13</td><td>13</td><td>13</td><td>13</td><td>13</td><td>13</td><td>13</td><td>13</td></tr>
<tr><td>12</td><td>12</td><td>12</td><td>12</td><td>12</td><td>12</td><td>12</td><td>12</td><td>12</td><td>12</td><td>12</td><td>12</td><td>12</td><td>12</td><td>12</td></tr>
<tr><td>11</td><td>11</td><td>11</td><td>11</td><td>11</td><td>11</td><td>11</td><td>11</td><td>11</td><td>11</td><td>11</td><td>11</td><td>11</td><td>11</td><td>11</td></tr>
<tr><td>10</td><td>10</td><td>10</td><td>10</td><td>10</td><td>10</td><td>10</td><td>10</td><td>10</td><td>10</td><td>10</td><td>10</td><td>10</td><td>10</td><td>10</td></tr>
<tr><td>9</td><td>9</td><td>9</td><td>9</td><td>9</td><td>9</td><td>9</td><td>9</td><td>9</td><td>9</td><td>9</td><td>9</td><td>9</td><td>9</td><td>9</td></tr>
<tr><td>8</td><td>8</td><td>8</td><td>8</td><td>8</td><td>8</td><td>8</td><td>8</td><td>8</td><td>8</td><td>8</td><td>8</td><td>8</td><td>8</td><td>⑧</td></tr>
<tr><td>7</td><td>7</td><td>7</td><td>7</td><td>7</td><td>7</td><td>7</td><td>7</td><td>7</td><td>7</td><td>7</td><td>7</td><td>7</td><td>⑦</td><td>7</td></tr>
<tr><td>6</td><td>6</td><td>6</td><td>6</td><td>6</td><td>6</td><td>6</td><td>6</td><td>6</td><td>6</td><td>6</td><td>6</td><td>⑥</td><td>6</td><td>6</td></tr>
<tr><td>5</td><td>5</td><td>5</td><td>5</td><td>5</td><td>5</td><td>5</td><td>⑤</td><td>5</td><td>5</td><td>5</td><td>5</td><td>5</td><td>5</td><td>5</td></tr>
<tr><td>4</td><td>4</td><td>4</td><td>4</td><td>4</td><td>4</td><td>4</td><td>4</td><td>4</td><td>④</td><td>4</td><td>4</td><td>4</td><td>4</td><td>4</td></tr>
<tr><td>3</td><td>3</td><td>3</td><td>3</td><td>3</td><td>3</td><td>③</td><td>3</td><td>③</td><td>3</td><td>3</td><td>③</td><td>3</td><td>3</td><td>3</td></tr>
<tr><td>2</td><td>2</td><td>2</td><td>2</td><td>2</td><td>2</td><td>2</td><td>2</td><td>2</td><td>2</td><td>②</td><td>2</td><td>2</td><td>2</td><td>2</td></tr>
<tr><td>1</td><td>1</td><td>1</td><td>1</td><td>1</td><td>1</td><td>1</td><td>1</td><td>1</td><td>1</td><td>1</td><td>1</td><td>1</td><td>1</td><td>1</td></tr>
<tr><td>⓪</td><td>⓪</td><td>⓪</td><td>⓪</td><td>⓪</td><td>⓪</td><td>0</td><td>0</td><td>0</td><td>0</td><td>0</td><td>0</td><td>0</td><td>0</td><td>0</td></tr>
<tr><td>평균</td><td colspan="5">0</td><td colspan="10">4.1</td></tr>
<tr><td>범위</td><td colspan="5">0~0</td><td colspan="10">0~8</td></tr>
</table>

'사진 카드로 요구하기' 행동 역시, 행동의 시작과 끝이 명확하고 비교적 짧은 시간에 발생했다가 사라지는 행동으로 사건기록법을 사용하는 것이 적합하다. 본 내용은 서식 3-2-1 중에서 행동관찰측정표(빈도기록법)를 활용하여 작성하였다.

행동의 발생 빈도가 기초선 기간에 범위 0으로 중재하지 않아서 전혀 나타나지 않았다가 중재를 시작하며 3→5로 증가하더니 주말을 지나고 온 월요일에 2→3으로 잠시 소강하였다가 주중에 6→7→8의 빈도로 급격히 증가하였다.

중재를 시작한 이후 두 행동의 증가와 감소의 추세를 그래프를 그려 살펴보면 도전적 행동은 감소하고, 목표행동은 증가하는 추세가 뚜렷하다.

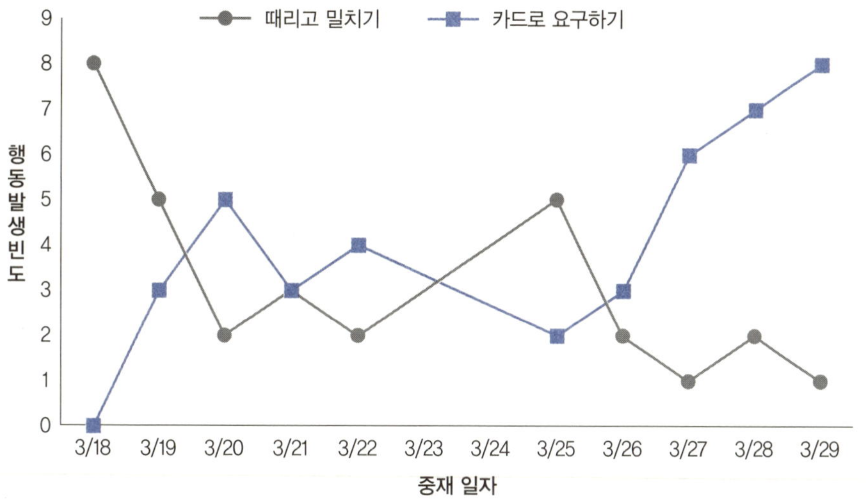

본 그래프를 살펴보면 김그림 학생이 주말을 지내고 돌아오면 도전적 행동이 조금 늘어나고, 목표행동이 이전보다 감소하는 경향은 있으나 전반적으로는 '때리고 밀치기' 행동은 줄어들고, '사진 카드로 요구하기' 행동은 늘어나고 있는 것을 알 수 있다.

양적인 결과값으로 다루어지지 못한 부분은 종결 보고서 서식에서 학생의 행동변화(질적 부분)에 작성하면 다음 중재를 계획에 유용하게 활용할 수 있다.

학생의 행동 변화(질적 부분)
• 도전적 행동은 감소하고, 목표행동은 증가하는 가운데 일주일을 지내다가 주말을 지내고 돌아와서 목표행동인 '사진 카드로 장난감 요구하기'보다 '친구 꼬집고 때리고 밀치기'가 더 많이 나타나는 경향을 보였으나 화요일부터 다시 도전적 행동이 줄어들고 목표행동을 하기 시작함 • 학생의 표적행동인 '친구 꼬집고 때리고 밀치기'의 경우, 중재를 시작한 이후 꾸준히 감소하여 10회기 중재 일이었던 3월 29일에는 놀이 시간(30분) 동안 한 번 정도의 때리려는 시도가 있었으나 교사가 발견하고 바로 제지함 • 목표행동인 '사진 카드로 장난감 요구하기'의 경우는 일주일 동안은 습득에 시간이 걸리면서 크게 증가 추이를 보이지 않다가 2주 차에 접어들면서 기능을 습득하고 교사가 지시하지 않아도 카드를 자발적으로 건네며 요구하는 빈도가 많이 늘어나고 있으며 이 행동이 늘어나면서 표적행동은 줄어드는 추세를 보임 • 카드를 제시하면 요구를 들어준다는 것을 정확히 인지한 이후, 목표행동은 늘어나고 표적행동은 감소가 두드러지며 요구하기 기능이 향상되었음

김그림 학생의 행동의 빈도가 잠시 달라진 3월 25일은 학생의 행동변화(질적 부분)를 통해 살펴볼 수 있는데, 주말을 지내고 와서 다시 적응하느라 그런 양상이 나타났음을 알 수 있다.

2) 학생의 행동변화(양적 부분: 지속시간기록법)

지속시간기록법은 행동이 시작되어 끝날 때까지 길이, 지속시간을 양적으로 측정하는 것을 의미한다. 행동이 시작되어 끝날 때까지 시간의 길이를 측정하는 것이다. 지속시간기록법은 학생이 도전적 행동을 하는 시간을 줄이거나 바람직한 행동을 증가시키고 싶을 때, 학생의 변화를 관찰하기 위하여 작성할 수 있다.

(1) A-B-C 관찰 기록 요약문

선행사건(Antecedent: A)	도전적 행동(Behavior: B)	결과(Consequence: C)
교사가 수업을 시작함	소리를 지르고 떼를 쓰며 교사에게 달려들며 텐트럼이 심해짐	교사가 학생에게 자리에 앉도록 지시하여도 멈추지 않고 계속하여 떼를 씀

(2) 중재 계획

중재 실시기간	2024. 3. 18.~3. 29.		
총 회기 수	10회기	참여 교사 수	1명(보조인력 1명)
중재 충실도(%)	82.5%	사회적 타당도(%)	95%
배경사건 중재	선행사건 중재	대체행동 중재	후속결과 중재
학생이 좋아하는 캐릭터로 된 교재 교구로 수업 준비	교사가 수업을 선호하는 율동과 노래로 시작하기	'쉴래요'라는 행동으로 의사소통할 수 있도록 지도	바람직한 표현을 할 때는 칭찬, 텐트럼을 보이면 대체행동을 재지도 후 차별강화

(3) 관찰 측정표

구간 (기초선, 중재, 유지, 일반화)	기초선			중재									
날짜	3/13	3/14	3/15	3/18	3/19	3/20	3/21	3/22	3/25	3/26	3/27	3/28	3/29
장소 (교과목)	교실 (수학)	교실 (국어)	교실 (수학)	교실 (국어)	교실 (국어)	교실 (수학)	교실 (국어)	교실 (수학)	교실 (국어)	교실 (국어)	교실 (수학)	교실 (수학)	교실 (수학)
관찰시간 (분)	10:00 ~ (40′)	10:00 ~ (40′)	9:10 ~ (40′)	9:10 ~ (40′)	10:00 ~ (40′)	10:00 ~ (40′)	10:00 ~ (40′)	9:10 ~ (40′)	9:10 ~ (40′)	10:00 ~ (40′)	10:00 ~ (40′)	9:10 ~ (40′)	9:10 ~ (40′)
행동 발생 횟수	지속시간: □ 초 ☑ 분 □ 시												
1회	5′	3′	3′	2′	1′	2′	1′	1′	2′	1′	1′	0′	0′
2회	8′	5′	8′	5′	3′	1′	1′	1′	1′	1′	1′		
3회	13′	10′	15′	5′	2′	5′	4′	2′	5′	2′			
4회		8′	4′	4′	4′								
5회													
총 지속시간	26′	26′	30′	16′	10′	8′	6′	4′	8′	4′	2′	0′	0′
평균 지속시간	8.66′	6.5′	7.5′	4′	2.75′	2.66′	2′	1.33′	2.66′	1.33′	1′	0	0

(4) 학생의 행동변화(양적 부분: 지속시간기록법) 종결 보고서 서식

관찰행동의 지속시간 단위				분(기록간격 2분)/회기당 총 지속시간기록									
구간	기초선			중재									
회기	1	2	3	4	5	6	7	8	9	10	11	12	13
날짜	3/13	3/14	3/15	3/18	3/19	3/20	3/21	3/22	3/25	3/26	3/27	3/28	3/29
행동 발생 (지속시간: 초 □. 분 ☑. 시 □)	40	40	40	40	40	40	40	40	40	40	40	40	40
	38	38	38	38	38	38	38	38	38	38	38	38	38
	36	36	36	36	36	36	36	36	36	36	36	36	36
	34	34	34	34	34	34	34	34	34	34	34	34	34
	32	32	32	32	32	32	32	32	32	32	32	32	32
	30	30	**30**	30	30	30	30	30	30	30	30	30	30
	28	28	28	28	28	28	28	28	28	28	28	28	28
	26	**26**	26	26	26	26	26	26	26	26	26	26	26
	24	24	24	24	24	24	24	24	24	24	24	24	24
	22	22	22	22	22	22	22	22	22	22	22	22	22
	20	20	20	20	20	20	20	20	20	20	20	20	20
	18	18	18	18	18	18	18	18	18	18	18	18	18
	16	16	16	**16**	16	16	16	16	16	16	16	16	16
	14	14	14	14	14	14	14	14	14	14	14	14	14
	12	12	12	12	12	12	12	12	12	12	12	12	12
	10	10	10	10	**10**	10	10	10	10	10	10	10	10
	8	8	8	8	8	**8**	8	8	**8**	8	8	8	8
	6	6	6	6	6	6	**6**	6	6	6	6	6	6
	4	4	4	4	4	4	4	**4**	4	**4**	4	4	4
	2	2	2	2	2	2	2	2	2	2	**2**	2	2
	0	0	0	0	0	0	0	0	0	0	0	**0**	**0**
평균	27.3			5.8									
범위	26~30			0~16									
효과크기 PND	10/10×100=100%												

관찰하려고 하는 행동의 지속시간의 단위는 분으로 정하여 기록하였고, 도전적 행동(텐트럼)이 시작되면 지속시간을 측정하는 발생당 지속시간 측정을 하였다.

이 방법은 발생 횟수와 지속시간, 총 지속시간을 모두 측정하여 자료를 여러 가지 목적으로 활용할 수 있다는 점이 장점이다.

이 표적행동(때리고 밀치기)은 행동 감소를 위한 중재였으므로 기초선의 최저점(26)

보다 중재구간에서 낮은 값의 측정치의 개수를 헤아려 중재구간의 회기 수로 나누어 이에 100을 곱하여 효과크기(PND)를 구한다.

효과크기(PND)는 직관적으로 보여 주는 그래프의 추세 이외에도 중재의 효과성을 수치화해서 입증하므로 자료의 신뢰도를 더욱 높일 수 있다.

이 자료에서는 각 반응의 지속시간을 모두 합한 회기당 전체 지속시간을 정리하여 학생의 행동 변화 추이를 살펴보았으나 평균 지속시간으로 나타내거나 단위 시간당의 빈도나 비율로 환산하여 살펴볼 수도 있다.

3) 학생의 행동변화(양적 부분: 비율환산측정표)

비율환산측정표는 실제 관찰시간의 길이가 관찰 회기마다 다른 상황에서 행동의 발생 빈도를 관찰하였을 때, 학생의 변화를 관찰하기 위하여 작성할 수 있다.

예를 들어, 학생의 자해행동 횟수를 관찰 기록하는데 첫날은 12분 동안 3회, 둘째 날은 20분 동안에 4회, 셋째 날은 30분 동안 5회였다. 우리가 느끼는 발생 횟수로만 생각하면 점점 학생의 행동이 심해지고 있지만 관찰시간이 모두 제각각이므로 이렇게 생각하는 것은 정확하지 않다. 이것을 1분 단위로 환산하여 비교하면 첫째 날은 0.25회, 둘째 날은 0.20회, 셋째 날은 0.17회로 오히려 점차 줄어들고 있다고 보아야 한다(홍준표, 2009[1]). 많은 방법을 비율환산측정표로 기록할 수 있지만 학교 현장에서 활용하기 용이한 순간시간표집법을 활용하여 학생의 착석 행동을 관찰·기록하는 것을 예시로 작성하고자 한다.

1) 홍준표(2009). **응용행동분석**. 학지사.

(1) 관찰 측정표(순간시간표집법)

구간	관찰일자	관찰간격								비고
		5분	5분	5분	5분	5분	5분	5분	5분	
기초선	3/13	−	−	−	−	−	−	−	−	관찰시간 1교시 (9:10~9:40) +: 착석 −: 자리이탈
	3/14	−	−	−	−	−	−	−	−	
	3/15	−	−	−	−	−	−	−	−	
중재	3/18	+		−	−	−	−	−	+	
	3/19	+		+	−	−	−	+	+	
	3/20	+		+	−	−	+	+	+	
	3/21	+		+	+	−	+	−	+	
	3/22	+		+	−	+	+	+	+	
	3/25	+		+	−	−	−	+	+	
	3/26	+		+	+	−	+	−	+	
	3/27	+		+	−	+	+	+	+	
	3/28	+		+	+	+	−	+	+	
	3/29	+	+	+	−	+	+	−	+	

순간시간표집법은 정해진 순간에 행동의 발생을 기록하는 방법으로 비교적 장시간 지속되는 특성을 가진 행동을 관찰할 때 적합하다. 낮은 비율로 발생하지만, 지속시간이 긴 행동관찰에 알맞다. 이는 교사가 수업하면서도 수집할 수 있는 방법이기 때문에 학교 현장에서 활용하기 좋은 방법이다.

동간기록법과 유사한 관찰 기록표로 관찰할 수 있으며 시간 간격을 분 단위로 크게 잡는 점이 다르다.

(2) 학생의 행동변화(양적 부분: 비율환산측정표) 종결 보고서 서식

목표행동	책상에 앉아서 활동에 참여하기												
구간	기초선			중재									
회기	1	2	3	4	5	6	7	8	9	10	11	12	13
날짜	3/13	3/14	3/15	3/18	3/19	3/20	3/21	3/22	3/25	3/26	3/27	3/28	3/29
행동 발생 (비율 %)	100	100	100	100	100	100	100	100	100	100	100	100	100
	95	95	95	95	95	95	95	95	95	95	95	95	95
	90	90	90	90	90	90	90	90	90	90	90	90	90
	85	85	85	85	85	85	85	85	85	85	85	85	85
	80	80	80	80	80	80	80	80	80	80	80	80	80
	75	75	75	75	75	75	75	**75**	75	75	**75**	**75**	**75**
	70	70	70	70	70	70	70	70	70	70	70	70	70
	65	65	65	65	65	65	65	65	65	65	65	65	65
	60	60	60	60	60	**60**	**60**	60	60	**60**	60	60	60
	55	55	55	55	55	55	55	55	55	55	55	55	55
	50	50	50	50	**50**	50	50	50	**50**	50	50	50	50
	45	45	45	45	45	45	45	45	45	45	45	45	45
	40	40	40	40	40	40	40	40	40	40	40	40	40
	35	35	35	35	35	35	35	35	35	35	35	35	35
	30	30	30	30	30	30	30	30	30	30	30	30	30
	25	25	25	**25**	25	25	25	25	25	25	25	25	25
	20	20	20	20	20	20	20	20	20	20	20	20	20
	15	15	15	15	15	15	15	15	15	15	15	15	15
	10	10	10	10	10	10	10	10	10	10	10	10	10
	5	5	5	5	5	5	5	5	5	5	5	5	5
	0	**0**	**0**	0	0	0	0	0	0	0	0	0	0
평균 (범위)	0 (0~0)			60.5 (25~75)									
효과크기 PND	10/10×100=100%												

관찰자는 정해진 시간에만 학생을 관찰하여 행동의 유무를 기록하고, 발생비율은 착석행동(%)= $\frac{(+\text{로 관찰된 칸수})}{(\text{전체 관찰 칸수})}$ ×100으로 계산한다.

이 목표행동(책상에 앉아서 활동에 참여하기)은 행동 증가를 위한 중재였으므로 기초선의 최고점보다 측정치의 개수를 헤아려 중재구간의 회기 수로 나누어 이에 100을 곱하여 효과크기(PND)를 구한다.

기초선은 모두 0으로 나왔고, 10회기의 중재 기간 동안 모두 기초선을 상회하였기 때문에 100%의 효과크기(PND)가 나타났다. 그래프의 추세를 보아도 효과크기(PND)의 수치를 보아도 이 중재 방법은 효과적이라고 할 수 있다. 단, 순간시간표집법은 편리하지만 오차율이 높을 수 있으므로 빈도기록법이나 지속시간기록법과 동일한 방식으로 해석해서는 안 된다는 것을 늘 유념해야 한다.

부록: 행동중재 서식[1]

학교명	
담당교사명	
학생명	

1) 부록은 학지사 홈페이지에 pdf 파일로 제시되어 있다. 학지사 홈페이지에 접속하여 이 책의 상세 페이지로 가면 행동중재 서식을 다운로드받을 수 있다.

행동중재 서식 차례

4-3. A-B-C 요약문

4-4. 동기사정척도(Motivation Assessment Scale: MAS)

4-5. 행동기능설문지(Question About Behavioral Function: QABF)

4-6. 기능평가 인터뷰 양식(Functional Assessment Interview: FAI)

4-7. 감각프로파일(축약본)

4-8. 학생을 위한 강화제 평가지

4-9. 중증장애학생을 위한 강화제 평가지(Reinforcer Assessment for Individuals with Severe Disabilities)

5. 기능분석

5-1. 기능분석지

5-2. 경쟁행동 모델 수립

6. 중재

6-1. 중재 계획 전략 시트

6-2. 중재 계획서

6-3. 중재 일지

6-4. 중재 충실도

7. 종결 보고

7-1. 긍정적 행동지원 계획 및 종결 보고서

①

기초자료

1-1. 학생 기초정보

<table>
<tr><td>학생명(나이)</td><td colspan="3"></td><td>소속</td><td colspan="2"></td></tr>
<tr><td>생년월일</td><td colspan="3"></td><td>성별</td><td colspan="2">□남 □여</td></tr>
<tr><td>장애 유형</td><td colspan="3"></td><td>장애 정도</td><td colspan="2"></td></tr>
<tr><td>보호자</td><td colspan="3"></td><td>보호자 연락처</td><td colspan="2"></td></tr>
<tr><td rowspan="3">담임교사</td><td colspan="3" rowspan="3">이름:</td><td rowspan="3">담임교사 외
(과목) 이름</td><td colspan="2">(　　　)</td></tr>
<tr><td colspan="2">(　　　)</td></tr>
<tr><td colspan="2">(　　　)</td></tr>
<tr><td rowspan="3">건강 관련 정보</td><td colspan="3">건강 상태</td><td colspan="3">□양호
□허약</td></tr>
<tr><td colspan="3">동반 질병 여부</td><td colspan="3">□유(질병명:　　　　　)
□무</td></tr>
<tr><td colspan="3">약물치료 여부</td><td colspan="3">□복용(복용약:　　　　　)
□미복용</td></tr>
<tr><td rowspan="2">강점 및 약점</td><td>강점</td><td colspan="5"></td></tr>
<tr><td>약점</td><td colspan="5"></td></tr>
<tr><td colspan="7">현행수준</td></tr>
<tr><td>언어 영역</td><td colspan="6"></td></tr>
<tr><td>인지 · 학습 영역</td><td colspan="6"></td></tr>
<tr><td>사회/정서 영역</td><td colspan="6"></td></tr>
<tr><td>신체/감각 영역</td><td colspan="6"></td></tr>
<tr><td rowspan="7">일상
생활
영역</td><td rowspan="2">영역</td><td colspan="3">지원정도</td><td colspan="2" rowspan="2">구체적인 현행수준 설명</td></tr>
<tr><td>독립 수행
가능</td><td>전반적 도움
필요</td><td>부분적 도움
필요</td></tr>
<tr><td>식사</td><td></td><td></td><td></td><td colspan="2"></td></tr>
<tr><td>개인
위생</td><td></td><td></td><td></td><td colspan="2"></td></tr>
<tr><td>배변</td><td></td><td></td><td></td><td colspan="2"></td></tr>
<tr><td>착 ·
탈의</td><td></td><td></td><td></td><td colspan="2"></td></tr>
<tr><td>기타
(　)</td><td></td><td></td><td></td><td colspan="2"></td></tr>
</table>

1-2. 학급정보

<table>
<tr><td>의뢰 사유</td><td></td></tr>
<tr><td>학급 내
환경 및 좌석
배치도</td><td>※ 학급 내 환경 및 좌석 배치도(학생 표시)를 그려 주세요.</td></tr>
<tr><td>학급 내
일주일
일과표</td><td>
<table>
<tr><th>시간</th><th>월</th><th>화</th><th>수</th><th>목</th><th>금</th></tr>
<tr><td>08:30~09:00</td><td colspan="5"></td></tr>
<tr><td>09:00~09:40</td><td></td><td></td><td></td><td></td><td></td></tr>
<tr><td>09:50~10:30</td><td></td><td></td><td></td><td></td><td></td></tr>
<tr><td>10:40~11:20</td><td></td><td></td><td></td><td></td><td></td></tr>
<tr><td>11:30~12:10</td><td></td><td></td><td></td><td></td><td></td></tr>
<tr><td>12:10~13:10</td><td colspan="5"></td></tr>
<tr><td>13:10~13:50</td><td></td><td></td><td></td><td></td><td></td></tr>
<tr><td>14:00~14:40</td><td></td><td></td><td></td><td></td><td></td></tr>
<tr><td>14:50~15:30</td><td></td><td></td><td></td><td></td><td></td></tr>
</table>
※ 담임교사 담당 시간은 파란색으로 표기함</td></tr>
<tr><td>보조인력
배치</td><td>□ 있음(______명) □ 없음</td></tr>
<tr><td>학급에서의
적응 여부</td><td>▶ 학생의 학급에서의 적응</td></tr>
<tr><td rowspan="2">또래 관계
특이사항</td><td>▶ 또래 관계에 대해 적어 주세요.</td></tr>
<tr><td></td></tr>
</table>

1-3. 학생의 도전적 행동 관련 정보

(중복기재 가능, 기타란에 추가 입력 가능)

구분	행동유형	형태(표적행동)	문제의 심각성 ① 낮음	문제의 심각성 ② 보통	문제의 심각성 ③ 심각	강도/정도	지속시간	빈도	발생장소
공격행동	타해행동								
	자해행동								
	기물파손								
	언어공격								
방해행동	반항 · 저항								
	규칙위반								
	자리이탈								
	학교이탈								
	소리 지르기								
	울고 떼쓰기								
	이동거부								
상동행동	신체행동								
	언어행동 (반향어, 혼잣말)								
성적행동	자위행위								
	노출								
	또래와 성 문제								
	타인의 신체 접촉								
불안, 우울, 위축 행동									
기타 ( )									

②

표적행동 정하기

2-1. 표적행동 우선순위 평가척도

<table>
<tr><td rowspan="2">표적행동</td><td>A 행동</td><td>B 행동</td><td>C 행동</td><td>D 행동</td></tr>
<tr><td></td><td></td><td></td><td></td></tr>
<tr><td>학생명</td><td colspan="2"></td><td rowspan="2">작성 일자</td><td rowspan="2">2024. . .</td></tr>
<tr><td>작성자</td><td colspan="2"></td></tr>
<tr><td>작성 기준</td><td colspan="4">해당 점수에 ✓ 표시한다. 항목별로 부여한 점수의 총점이 가장 높은 도전적 행동이 우선순위가 높은 행동이므로 가장 우선하여 중재 계획을 수립한다.
⓪=(절대) 그렇지 않다, ①=거의 그렇지 않다, ②=가끔 그렇다
③=자주 그렇다, ④=항상/매우 그렇다</td></tr>
</table>

<table>
<tr><td rowspan="2">번호</td><td rowspan="2">우선순위의 기준</td><td colspan="20">표적행동 목록</td></tr>
<tr><td colspan="5">행동 A</td><td colspan="5">행동 B</td><td colspan="5">행동 C</td><td colspan="5">행동 D</td></tr>
<tr><td>1</td><td>이 도전적 행동은 학생 자신이나 타인에게 위험한 것인가?</td><td>0</td><td>1</td><td>2</td><td>3</td><td>4</td><td>0</td><td>1</td><td>2</td><td>3</td><td>4</td><td>0</td><td>1</td><td>2</td><td>3</td><td>4</td><td>0</td><td>1</td><td>2</td><td>3</td><td>4</td></tr>
<tr><td>2</td><td>이 도전적 행동은 얼마나 자주 발생하는가?(더 자주 활용되고 더 자주 발생하는 행동은 높은 점수를 준다.)</td><td>0</td><td>1</td><td>2</td><td>3</td><td>4</td><td>0</td><td>1</td><td>2</td><td>3</td><td>4</td><td>0</td><td>1</td><td>2</td><td>3</td><td>4</td><td>0</td><td>1</td><td>2</td><td>3</td><td>4</td></tr>
<tr><td>3</td><td>이 도전적 행동은 얼마나 오래 지속되어 왔는가?(더 오래 지속된 행동에 대해 높은 점수를 준다.)</td><td>0</td><td>1</td><td>2</td><td>3</td><td>4</td><td>0</td><td>1</td><td>2</td><td>3</td><td>4</td><td>0</td><td>1</td><td>2</td><td>3</td><td>4</td><td>0</td><td>1</td><td>2</td><td>3</td><td>4</td></tr>
<tr><td>4</td><td>이 행동이 개선되면 학생에게 더 많은 강화와 학습의 기회가 제공될 것인가?</td><td>0</td><td>1</td><td>2</td><td>3</td><td>4</td><td>0</td><td>1</td><td>2</td><td>3</td><td>4</td><td>0</td><td>1</td><td>2</td><td>3</td><td>4</td><td>0</td><td>1</td><td>2</td><td>3</td><td>4</td></tr>
<tr><td>5</td><td>이 행동의 개선은 앞으로 학생의 행동 발달과 독립적 기능의 증진에 중요한 것인가?(중요성이 클수록 높은 점수를 준다.)</td><td>0</td><td>1</td><td>2</td><td>3</td><td>4</td><td>0</td><td>1</td><td>2</td><td>3</td><td>4</td><td>0</td><td>1</td><td>2</td><td>3</td><td>4</td><td>0</td><td>1</td><td>2</td><td>3</td><td>4</td></tr>
<tr><td>6</td><td>이 행동이 개선되면 타인으로부터 불필요한 부정적 관심을 줄일 수 있는가?</td><td>0</td><td>1</td><td>2</td><td>3</td><td>4</td><td>0</td><td>1</td><td>2</td><td>3</td><td>4</td><td>0</td><td>1</td><td>2</td><td>3</td><td>4</td><td>0</td><td>1</td><td>2</td><td>3</td><td>4</td></tr>
</table>

7	이 행동이 개선되면 학생의 생활 환경에 존재하는 중요한 인물들에게 기쁨과 보람이 될 것인가?	0	1	2	3	4	0	1	2	3	4	0	1	2	3	4	0	1	2	3	4
8	이 행동이 개선되면 학생을 성공적으로 변화시킬 가능성이 큰가?	0	1	2	3	4	0	1	2	3	4	0	1	2	3	4	0	1	2	3	4
9	이 행동지원에 얼마나 많은 경제적 비용이 들 것인가?	0	1	2	3	4	0	1	2	3	4	0	1	2	3	4	0	1	2	3	4
합계																					
상대적 우선순위																					

출처: Cooper, J. O., Heron, T. E., & Heward, W. L. (2010). 응용행동분석(상). 정경미, 김혜진, 양유진, 양소정, 장현숙, 신나영 역. 시그마프레스. 해당 문헌에서 발췌 후 수정함.

2-2. 산점도(표적행동 발생 시간 측정표)

학생명		관찰자	
표적행동			
※ 문제행동 발생 시간대에 ✓ 표시해 주세요.			

일정 \ 날짜		/	/	/	/	/	/	/	/	/	/
시간	일과(시간표)										

2-3. 사회적 타당도

학생명			작성자			
표적행동						
번호	문항	전혀 아님	거의 아님	보통임	대부분 그러함	매우 그러함
1	이 중재를 통해 학생의 행동이 주변 사람들로부터 강화(칭찬)를 받을 수 있는가?	0	1	2	3	4
2	이 중재는 학생이 수업이나 다양한 교육 활동에 참여하는 데 필요한가?	0	1	2	3	4
3	이 중재가 학생의 행동을 개선할 목적 또는 기능적인 기술습득을 위해 필요한가?	0	1	2	3	4
4	이 중재로 개선된 행동이 학교 내 구성원 간 더욱 적절하고 지지적인 상호작용하는 데 도움이 되는가?	0	1	2	3	4
5	이 중재는 학생 행동 변화에 중추적이거나 필수적인가?	0	1	2	3	4
6	이 중재는 발달수준(나이)에 적합한가?	0	1	2	3	4
7	이 중재로 학생의 도전적 행동이 감소/제거되고 이를 대체할 적응적이고 기능적인 행동이 있는가?	0	1	2	3	4
8	이 중재가 실제 도전적 행동을 감소시키거나 목표행동을 향상하는 데 적합했는가?	0	1	2	3	4
9	이 중재는 실제 가능한 중재인가?	0	1	2	3	4
10	이 중재를 다른 사람들에게도 추천하겠는가?	0	1	2	3	4
점수		/40				

③

자료수집

3-1-1. 일화 및 표본기록지: 반구조화된 일화기록

<table>
<tr><td colspan="6">일화기록 및 표본기록 간략 설명
• 일화기록: 학교생활 속에서 교육적인 목표가 있거나 기록할 만한 가치가 있다고 판단되는 행동을 하나의 일화에 맞추어 간결한 형태로 기록하는 관찰 방법
• 표본기록: 관찰대상, 시간, 행동, 상황을 미리 선정(표본)하여 기록하는 관찰 방법</td></tr>
<tr><td>학생명</td><td colspan="2"></td><td>관찰자</td><td colspan="2"></td></tr>
<tr><td>관찰일시</td><td colspan="2"></td><td>관찰장소</td><td colspan="2"></td></tr>
<tr><td>관찰내용
(일화기록)</td><td colspan="5">• 어떤 행동이 일어났는가?(행동)

• 그 행동이 일어나기 바로 전 상황은?(선행사건)

• 학생이 그 행동을 하고 난 후의 주변의 반응은?(후속결과)

• 학생의 컨디션, 수면, 약 복용 등 행동에 영향을 줄 내용이 있다면 기록하세요.(배경사건)</td></tr>
<tr><td rowspan="2">ABC 분석
(위에 적힌 일화기록을 표에 나누어 적어 보세요.)</td><td>배경사건</td><td>선행사건</td><td>행동</td><td>후속결과</td><td>학생반응</td></tr>
<tr><td></td><td></td><td></td><td></td><td></td></tr>
</table>

출처: 양명희, 임유경(2014). 유아 행동 관찰 및 평가. 학지사. 해당 문헌에서 발췌 후 재구성함.

3-1-2. 일화 및 표본기록지: 일화기록

학생명		관찰자	
관찰일시		관찰장소	
관찰장면			

시간	관찰내용	비고 및 의견

출처: 양명희, 임유경(2014). 유아 행동 관찰 및 평가. 학지사. 해당 문헌에서 발췌 후 재구성함.

3-1-3. 일화 및 표본기록지: 표본기록

<table>
<tr><td>학생명</td><td></td><td>관찰자</td><td></td></tr>
<tr><td>관찰일시</td><td></td><td>관찰장소</td><td></td></tr>
<tr><td>관찰하고자
하는 행동</td><td colspan="3"></td></tr>
<tr><td rowspan="3">관찰내용</td><td colspan="3"></td></tr>
<tr><td colspan="3">※ 학생의 컨디션, 수면, 약 복용 등 행동에 영향을 줄 내용이 있다면 기록하세요.</td></tr>
<tr><td colspan="3"></td></tr>
</table>

출처: 양명희, 임유경(2014). 유아 행동 관찰 및 평가. 학지사. 해당 문헌에서 발췌 후 재구성함.

3-1-4. 일화 및 표본기록지: 표본기록지

<table>
<tr><td colspan="4">일화기록 및 표본기록 간략 설명
• 일화기록: 학교생활 속에서 교육적인 목표가 있거나 기록할 만한 가치가 있다고 판단되는 행동을 하나의 일화에 맞추어 간결한 형태로 기록하는 관찰 방법
• 표본기록: 관찰대상, 시간, 행동, 상황을 미리 선정(표본)하여 기록하는 관찰방법</td></tr>
<tr><td>학생명</td><td></td><td>관찰자</td><td></td></tr>
<tr><td>관찰일시</td><td></td><td>관찰장소</td><td></td></tr>
<tr><td>관찰하고자 하는 행동</td><td colspan="3"></td></tr>
<tr><td>관찰장면</td><td colspan="3"></td></tr>
<tr><td>시간</td><td colspan="3">관찰내용</td></tr>
<tr><td></td><td colspan="3"></td></tr>
<tr><td>관찰자 의견</td><td colspan="3"></td></tr>
</table>

출처: 양명희, 임유경(2014). 유아 행동 관찰 및 평가. 학지사. 해당 문헌의 내용을 일부 발췌하여 수정함.

3-1-5. 일화 및 표본기록지: A-B-C 보고양식

학생명		관찰일시	
관찰장소		관찰자	
상황			

E=상황, T=교사, S=대상 학생, AT=보조교사, P=또래(다른 학생)

시간	선행사건		행동	후속결과		기능
	E			E		
	S			S		
	T			T		
	P			P		
	AT			AT		

배경사건	선행사건 (문제행동 예측사건)		문제행동		행동을 유지시키는 후속결과
		➡		➡	

3-2-1. 행동관찰측정표(빈도기록법)

〈서식 1〉

학생명	
관찰자	
관찰장소 및 상황	
표적행동의 조작적 정의	
관찰시간(분)	

3-2-1. 행동관찰측정표(빈도기록법)

<서식 2>

학생명	
관찰자	
관찰장소 및 상황	
표적행동	
표적행동의 조작적 정의	

날짜	시간	행동 발생 수	합계	관찰 시간	빈도/시간 (분)	분당 빈도

3-2-1. 행동관찰측정표(빈도기록법)

<서식 3>

<table>
<tr><td>학생명</td><td colspan="6"></td></tr>
<tr><td>관찰자</td><td colspan="6"></td></tr>
<tr><td>관찰장소 및 상황</td><td colspan="6"></td></tr>
<tr><td>표적행동의 조작적 정의</td><td colspan="6"></td></tr>
<tr><td>시간(분)</td><td>날짜</td><td>행동 발생 수</td><td>합계</td><td>날짜</td><td>행동 발생 수</td><td>합계</td></tr>
<tr><td></td><td></td><td></td><td></td><td></td><td></td><td></td></tr>
<tr><td></td><td></td><td></td><td></td><td></td><td></td><td></td></tr>
<tr><td></td><td></td><td></td><td></td><td></td><td></td><td></td></tr>
<tr><td></td><td></td><td></td><td></td><td></td><td></td><td></td></tr>
<tr><td></td><td></td><td></td><td></td><td></td><td></td><td></td></tr>
</table>

3-2-1. 행동관찰측정표(빈도기록법)

〈서식 4〉

학생명					
관찰자					
관찰장소 및 상황					
표적행동의 조작적 정의					
날짜	아동 / 반응(회)				
	대체				
	발음오류				
	삽입				
	반복				
	대체				
	발음오류				
	삽입				
	반복				
	대체				
	발음오류				
	삽입				
	반복				
	대체				
	발음오류				
	삽입				
	반복				
	대체				
	발음오류				
	삽입				
	반복				

3-2-1. 행동관찰측정표(빈도기록법)

〈서식 5〉

<table>
<tr><td>학생명</td><td colspan="15"></td></tr>
<tr><td>관찰자</td><td colspan="15"></td></tr>
<tr><td>관찰상황</td><td colspan="15"></td></tr>
<tr><td>표적행동</td><td colspan="15"></td></tr>
<tr><td>관찰장소</td><td colspan="15"></td></tr>
<tr><td>구간
(기초선,
중재, 유지,
일반화)</td><td colspan="2"></td><td colspan="3"></td><td>……</td><td colspan="4"></td><td colspan="2"></td><td colspan="2"></td></tr>
<tr><td>날짜</td><td></td><td></td><td></td><td></td><td></td><td></td><td rowspan="4">……</td><td></td><td></td><td></td><td></td><td></td><td></td><td></td><td></td></tr>
<tr><td>관찰시간
(분)</td><td></td><td></td><td></td><td></td><td></td><td></td><td></td><td></td><td></td><td></td><td></td><td></td><td></td><td></td></tr>
<tr><td>행동 발생
횟수</td><td></td><td></td><td></td><td></td><td></td><td></td><td></td><td></td><td></td><td></td><td></td><td></td><td></td><td></td></tr>
<tr><td>분당 비율</td><td></td><td></td><td></td><td></td><td></td><td></td><td></td><td></td><td></td><td></td><td></td><td></td><td></td><td></td></tr>
<tr><td colspan="16">〈그래프〉</td></tr>
</table>

3-2-1. 행동관찰측정표(빈도기록법)

〈서식 6〉

학생명								관찰자					
표적행동													
구간 (기초선, 중재, 유지, 일반화)							......						
날짜													
관찰장소 (장소 또는 수업)													
관찰시간 (분)													
행동 발생 (빈도)							......						
합계													
분당 행동빈도													

※사건기록법: 정해진 관찰시간 중에 표적행동이 몇 번이나 출현하였는지 그 발생 횟수나 빈도를 직접 관찰 기록하는 것이다. 시작과 끝이 분명하고 비교적 짧은 시간에 발생했다가 사라지는 행동을 측정할 때 주로 사용한다.

3-2-1. 행동관찰측정표(빈도기록법)

<서식 7>

학생명														관찰자															
관찰시간														표적행동															
구간 (기초선, 중재, 유지, 일반화)	기초선					중재																			유지				
회기	1	2	3	4	5	6	7	8	9	10	11	12	13	14	15	16	17	18	19	20	21	22	23	24	25	26	27	28	29
날짜																													
행동 발생 (빈도)																													
평균																													
범위																													

3-2-2. 행동관찰측정표(지속시간기록법)

〈서식 1〉

학생명			관찰자		
표적행동					
구간	기초선/중재/유지/일반화				
날짜					
장소(교과목)					
관찰시간(분)					
행동 발생 / 횟수	지속시간: □ 초 □ 분 □ 시				
1회					
2회					
3회					
4회					
5회					
6회					
7회					
8회					
9회					
10회					
총 지속시간					
평균 지속시간					

3-2-2. 행동관찰측정표(지속시간기록법)

〈서식 2〉

학생명	
관찰자	
관찰장소 및 상황	
표적행동의 조작적 정의	

<table>
<tr><th>날짜</th><th>시간</th><th colspan="5">행동 발생</th><th colspan="2">관찰결과 요약</th></tr>
<tr><td rowspan="6"></td><td rowspan="6"></td><td rowspan="3"></td><td rowspan="3"></td><td rowspan="3"></td><td rowspan="3"></td><td rowspan="3"></td><td rowspan="2">전체 관찰시간</td><td rowspan="2"></td></tr>
<tr></tr>
<tr><td rowspan="2">전체 지속시간</td><td rowspan="2"></td></tr>
<tr><td rowspan="3"></td><td rowspan="3"></td><td rowspan="3"></td><td rowspan="3"></td><td rowspan="3"></td></tr>
<tr><td rowspan="2">행동 발생률</td><td rowspan="2"></td></tr>
<tr></tr>
<tr><td rowspan="6"></td><td rowspan="6"></td><td rowspan="3"></td><td rowspan="3"></td><td rowspan="3"></td><td rowspan="3"></td><td rowspan="3"></td><td rowspan="2">전체 관찰시간</td><td rowspan="2"></td></tr>
<tr></tr>
<tr><td rowspan="2">전체 지속시간</td><td rowspan="2"></td></tr>
<tr><td rowspan="3"></td><td rowspan="3"></td><td rowspan="3"></td><td rowspan="3"></td><td rowspan="3"></td></tr>
<tr><td rowspan="2">행동 발생률</td><td rowspan="2"></td></tr>
<tr></tr>
</table>

3-2-2. 행동관찰측정표(지속시간기록법)

〈서식 3〉

학생명	
관찰자	
관찰장소 및 상황	
표적행동의 조작적 정의	

날짜	시간	행동 발생					관찰결과 요약	
		#1	#2	#3	#4	#5	전체 관찰시간	
							전체 지속시간	
		#6	#7	#8	#9	#10	지속시간 백분율	
							평균 지속시간	
		#1	#2	#3	#4	#5	전체 관찰시간	
							전체 지속시간	
		#6	#7	#8	#9	#10	지속시간 백분율	
							평균 지속시간	
		#1	#2	#3	#4	#5	전체 관찰시간	
							전체 지속시간	
		#6	#7	#8	#9	#10	지속시간 백분율	
							평균 지속시간	

3-2-2. 행동관찰측정표(지속시간기록법)

〈서식 4〉

학생명															관찰자														
구간	기초선					중재																	유지						
회기	예	1	2	3	4	5	6	7	8	9	10	11	12	13	14	15	16	17	18	19	20	21	22	23	24	25	26	27	28
날짜																													
행동 발생 지속시간 (초 □, 분 □, 시 □)																													
평균																													
범위																													

3-2-3. 행동관찰측정표(반응지연시간기록법)

〈서식 1〉

학생명			관찰자		
표적행동					
구간	기초선			중재	
날짜					
장소 (교과목)					
관찰시간 (분)					
행동 발생 / 횟수	지연시간: □ 초 □ 분 □ 시				
1회					
2회					
3회					
4회					
5회					
6회					
7회					
8회					
9회					
10회					
총 지연시간					
평균 반응지연 시간					

3-2-3. 행동관찰측정표(반응지연시간기록법)

〈서식 2〉

<table>
<tr><td colspan="2">학생명</td><td colspan="7"></td></tr>
<tr><td colspan="2">관찰자</td><td colspan="7"></td></tr>
<tr><td colspan="2">관찰장소 및 상황</td><td colspan="7"></td></tr>
<tr><td colspan="2">표적행동의
조작적 정의</td><td colspan="7"></td></tr>
<tr><td colspan="2">선행사건
(선행자극)</td><td colspan="7"></td></tr>
<tr><td>날짜</td><td>시간</td><td colspan="5">행동 발생</td><td colspan="2">관찰결과 요약</td></tr>
<tr><td rowspan="6"></td><td rowspan="6"></td><td rowspan="3">#1</td><td rowspan="3">#2</td><td rowspan="3">#3</td><td rowspan="3">#4</td><td rowspan="3">#5</td><td rowspan="2">전체 반응지연시간</td><td rowspan="2"></td></tr>
<tr></tr>
<tr><td rowspan="2">선행사건 횟수</td><td rowspan="2"></td></tr>
<tr><td rowspan="3">#6</td><td rowspan="3">#7</td><td rowspan="3">#8</td><td rowspan="3">#9</td><td rowspan="3">#10</td></tr>
<tr><td rowspan="2">평균 반응지연시간</td><td rowspan="2"></td></tr>
<tr></tr>
<tr><td rowspan="6"></td><td rowspan="6"></td><td rowspan="3">#1</td><td rowspan="3">#2</td><td rowspan="3">#3</td><td rowspan="3">#4</td><td rowspan="3">#5</td><td rowspan="2">전체 반응지연시간</td><td rowspan="2"></td></tr>
<tr></tr>
<tr><td rowspan="2">선행사건 횟수</td><td rowspan="2"></td></tr>
<tr><td rowspan="3">#6</td><td rowspan="3">#7</td><td rowspan="3">#8</td><td rowspan="3">#9</td><td rowspan="3">#10</td></tr>
<tr><td rowspan="2">평균 반응지연시간</td><td rowspan="2"></td></tr>
<tr></tr>
<tr><td rowspan="6"></td><td rowspan="6"></td><td rowspan="3">#1</td><td rowspan="3">#2</td><td rowspan="3">#3</td><td rowspan="3">#4</td><td rowspan="3">#5</td><td rowspan="2">전체 반응지연시간</td><td rowspan="2"></td></tr>
<tr></tr>
<tr><td rowspan="2">선행사건 횟수</td><td rowspan="2"></td></tr>
<tr><td rowspan="3">#6</td><td rowspan="3">#7</td><td rowspan="3">#8</td><td rowspan="3">#9</td><td rowspan="3">#10</td></tr>
<tr><td rowspan="2">평균 반응지연시간</td><td rowspan="2"></td></tr>
<tr></tr>
</table>

3-3. 행동관찰측정표(동간격기록법)

〈서식 1〉

• 관찰일시:
• 표적행동:
• 학생명:
• 관찰자:
• 표적행동의 조작적 정의:

관찰시간	관찰 간격	행동 발생 유무	관찰시간	관찰 간격	행동 발생 유무
1분	15초		6분	15초	
	30초			30초	
	45초			45초	
	60초			60초	
2분	15초		7분	15초	
	30초			30초	
	45초			45초	
	60초			60초	
3분	15초		8분	15초	
	30초			30초	
	45초			45초	
	60초			60초	
4분	15초		9분	15초	
	30초			30초	
	45초			45초	
	60초			60초	
5분	15초		10분	15초	
	30초			30초	
	45초			45초	
	60초			60초	

학생의 표적행동 발생률을 계산하면 다음과 같다.
행동 발생률(행동 발생구간 ÷총구간)×100= %

3-3. 행동관찰측정표(동간격기록법)

〈서식 2〉

- 관찰일시:
- 표적행동:
- 학생명:
- 관찰자:
- 표적행동의 조작적 정의:

1	2	3	4	5	6	7	8	9	10
11	**12**	**13**	**14**	**15**	**16**	**17**	**18**	**19**	**20**

행동			
합계			

3-3. 행동관찰측정표(동간격기록법)

〈서식 3〉

- 관찰일시:
- 표적행동:
- 학생명:
- 관찰자:
- 표적행동의 조작적 정의:

시간 간격	행동			시간 간격	행동			시간 간격	행동			시간 간격	행동		
1				6				11				16			
2				7				12				17			
3				8				13				18			
4				9				14				19			
5				10				15				20			

행동			
합계			

3-3. 행동관찰측정표(동간격기록법)

〈서식 4〉

학생명							관찰자								
행동관찰에 적용한 동간격기록법				☐ 전체간격 ☐ 부분간격 간격시간 ________											
표적행동															
구간(기초선, 중재, 유지, 일반화)															
날짜															
교시(교과목)															
관찰시간(분)															
행동 발생 (비율 %)	100 95 90 85 80 75 70 65 60 55 50 45 40 35 30 25 20 15 10 5 0	100 95 90 85 80 75 70 65 60 55 50 45 40 35 30 25 20 15 10 5 0	100 95 90 85 80 75 70 65 60 55 50 45 40 35 30 25 20 15 10 5 0	100 95 90 85 80 75 70 65 60 55 50 45 40 35 30 25 20 15 10 5 0	100 95 90 85 80 75 70 65 60 55 50 45 40 35 30 25 20 15 10 5 0	100 95 90 85 80 75 70 65 60 55 50 45 40 35 30 25 20 15 10 5 0	100 95 90 85 80 75 70 65 60 55 50 45 40 35 30 25 20 15 10 5 0	100 95 90 85 80 75 70 65 60 55 50 45 40 35 30 25 20 15 10 5 0	100 95 90 85 80 75 70 65 60 55 50 45 40 35 30 25 20 15 10 5 0	100 95 90 85 80 75 70 65 60 55 50 45 40 35 30 25 20 15 10 5 0	100 95 90 85 80 75 70 65 60 55 50 45 40 35 30 25 20 15 10 5 0	100 95 90 85 80 75 70 65 60 55 50 45 40 35 30 25 20 15 10 5 0	100 95 90 85 80 75 70 65 60 55 50 45 40 35 30 25 20 15 10 5 0	100 95 90 85 80 75 70 65 60 55 50 45 40 35 30 25 20 15 10 5 0	100 95 90 85 80 75 70 65 60 55 50 45 40 35 30 25 20 15 10 5 0
행동 발생률															
범위															

※ 동간격기록법: 정해진 관찰시간을 동일한 시간 간격으로 나누어 각 단위 간격별로 표적행동의 발생과 지속 여부를 관찰하여 기록하는 방법으로 일반적으로 비교적 짧은 시간에 자주 발생하는 행동을 측정할 때 많이 활용된다.

〈서식 5〉

3-3. 행동관찰측정표(동간격기록법)

<table>
<tr><td colspan="5">학생명</td><td colspan="10"></td><td colspan="4">관찰자</td><td colspan="11"></td></tr>
<tr><td colspan="8">행동관찰에 적용한 동간격기록법</td><td colspan="22">□ 전체간격 □ 부분간격 간격시간 ______</td></tr>
<tr><td>표적 행동</td><td colspan="29"></td></tr>
<tr><td>구간</td><td colspan="9">기초선</td><td colspan="12">중재</td><td colspan="4">일반화</td><td colspan="4">유지</td></tr>
<tr><td>회기</td><td>예시</td><td>1</td><td>2</td><td>3</td><td>4</td><td>5</td><td>6</td><td>7</td><td>8</td><td>9</td><td>10</td><td>11</td><td>12</td><td>13</td><td>14</td><td>15</td><td>16</td><td>17</td><td>18</td><td>19</td><td>20</td><td>21</td><td>22</td><td>23</td><td>24</td><td>25</td><td>26</td><td>27</td><td>28</td></tr>
<tr><td>날짜</td><td></td><td colspan="28"></td></tr>
<tr><td rowspan="21">행동 발생 (비율 %)</td><td>100</td><td colspan="28"></td></tr>
<tr><td>95</td><td colspan="28"></td></tr>
<tr><td>90</td><td colspan="28"></td></tr>
<tr><td>85</td><td colspan="28"></td></tr>
<tr><td>80</td><td colspan="28"></td></tr>
<tr><td>75</td><td colspan="28"></td></tr>
<tr><td>70</td><td colspan="28"></td></tr>
<tr><td>65</td><td colspan="28"></td></tr>
<tr><td>60</td><td colspan="28"></td></tr>
<tr><td>55</td><td colspan="28"></td></tr>
<tr><td>50</td><td colspan="28"></td></tr>
<tr><td>45</td><td colspan="28"></td></tr>
<tr><td>40</td><td colspan="28"></td></tr>
<tr><td>35</td><td colspan="28"></td></tr>
<tr><td>30</td><td colspan="28"></td></tr>
<tr><td>25</td><td colspan="28"></td></tr>
<tr><td>20</td><td colspan="28"></td></tr>
<tr><td>15</td><td colspan="28"></td></tr>
<tr><td>10</td><td colspan="28"></td></tr>
<tr><td>5</td><td colspan="28"></td></tr>
<tr><td>0</td><td colspan="28"></td></tr>
<tr><td>행동 발생률</td><td></td><td colspan="8"></td><td colspan="12"></td><td colspan="4"></td><td colspan="4"></td></tr>
<tr><td>범위</td><td></td><td colspan="8"></td><td colspan="12"></td><td colspan="4"></td><td colspan="4"></td></tr>
</table>

3-4. 행동관찰측정표(순간시간표집법)

〈서식 1〉

- 관찰일시:
- 학생명:
- 관찰자:
- 표적행동의 조작적 정의:
- 매 5분 간격을 설정하고, 마지막 순간인 5분마다 관찰하여 발생한 행동 여부를 확인해 기록한다. 상동행동을 하는 경우 +, 하지 않은 경우 −로 표시한다. 관찰 후 학생마다 표시된 **+의 합**을 합계란에 작성한다. 행동 발생률은 '**행동 발생구간 수(+의 개수)÷전체 시간 간격 구간 수**×100'으로 계산해 작성한다.

학생	1	2	3	4	5	6	7	8	9	10	합계	행동 발생률

3-4. 행동관찰측정표(순간시간표집법)

〈서식 2〉

- 관찰일시:
- 학생명:
- 관찰자:
- 표적행동의 조작적 정의:
- 매시간 간격의 20초 동안 학생의 행동을 관찰하고, 마지막 순간 5초 동안 발생한 행동 여부를 확인해 기록한다. 상동행동을 하는 경우 +칸에, 하지 않은 경우 −칸에 빗금(╲)으로 표시한다. 관찰 후 학생마다 **+칸과 −칸에 빗금 표시된 개수의 합**을 각각 작성한다. 행동 발생률은 **'행동 발생간격 수(+의 개수)÷전체간격 수×100'**으로 계산해 작성한다.

학생							학생						
1							10						
2							11						
3							12						
4							13						
5							14						
6							15						
7							합계						
8													
9							행동 발생률						

3-4. 행동관찰측정표(순간시간표집법)

<서식 3>

- 관찰일시:
- 학생명:
- 관찰자:
- 표적행동의 조작적 정의:
- 매 5분 간격을 설정하고, 마지막 순간인 5분마다 관찰하여 발생한 행동 여부를 확인해 기록한다. 상동행동을 하는 경우 +, 하지 않은 경우 −로 표시한다. 관찰 후 학생마다 표시된 **+의 합**을 합계란에 작성한다. 행동 발생률은 '**행동 발생간격 수(+의 개수)÷전체간격 수**×100'으로 계산해 작성한다.

행동	1	2	3	4	5	6	7	8	9	10	합계	행동 발생률
행동 A												
행동 B												
행동 C												

3-5. 행동관찰측정표(비율환산측정표)

학생명								관찰자							
구간 (기초선, 중재, 유지, 일반화)															
회기	1	2	3	4	5	6	7	8	9	10	11	12	13	14	15
날짜 (관찰시간)															
행동 발생 (비율 %)	100 95 90 85 80 75 70 65 60 55 50 45 40 35 30 25 20 15 10 5 0	100 95 90 85 80 75 70 65 60 55 50 45 40 35 30 25 20 15 10 5 0	100 95 90 85 80 75 70 65 60 55 50 45 40 35 30 25 20 15 10 5 0	100 95 90 85 80 75 70 65 60 55 50 45 40 35 30 25 20 15 10 5 0	100 95 90 85 80 75 70 65 60 55 50 45 40 35 30 25 20 15 10 5 0	100 95 90 85 80 75 70 65 60 55 50 45 40 35 30 25 20 15 10 5 0	100 95 90 85 80 75 70 65 60 55 50 45 40 35 30 25 20 15 10 5 0	100 95 90 85 80 75 70 65 60 55 50 45 40 35 30 25 20 15 10 5 0	100 95 90 85 80 75 70 65 60 55 50 45 40 35 30 25 20 15 10 5 0	100 95 90 85 80 75 70 65 60 55 50 45 40 35 30 25 20 15 10 5 0	100 95 90 85 80 75 70 65 60 55 50 45 40 35 30 25 20 15 10 5 0	100 95 90 85 80 75 70 65 60 55 50 45 40 35 30 25 20 15 10 5 0	100 95 90 85 80 75 70 65 60 55 50 45 40 35 30 25 20 15 10 5 0	100 95 90 85 80 75 70 65 60 55 50 45 40 35 30 25 20 15 10 5 0	100 95 90 85 80 75 70 65 60 55 50 45 40 35 30 25 20 15 10 5 0
행동 발생률															
범위															

※ 비율환산기록법: 시작과 끝이 명확히 구별되고 수시로 발생하고 많은 이동이 요구되지 않으며 시간이 오래 소요되지 않은 행동을 기록할 때 활용할 수 있다.

④

기능평가

4-1. A-B-C 보고양식

<table>
<tr><td>학생명</td><td colspan="3"></td><td colspan="2">관찰일시</td><td></td></tr>
<tr><td>관찰장소</td><td colspan="3"></td><td colspan="2">관찰자</td><td></td></tr>
<tr><td>상황</td><td colspan="6"></td></tr>
<tr><td>관찰시간</td><td colspan="2">선행사건(A)
문제행동 발생 전 상황</td><td>행동(B)
발생한
문제행동</td><td colspan="2">후속결과(C=A′)
문제행동 후 상황</td><td>후속결과에
대한
학생반응(B′)</td></tr>
<tr><td rowspan="4"></td><td>상황</td><td></td><td rowspan="4"></td><td>상황</td><td></td><td rowspan="4"></td></tr>
<tr><td>교사</td><td></td><td>교사</td><td></td></tr>
<tr><td>또래
학생</td><td></td><td>또래
학생</td><td></td></tr>
<tr><td>보조
인력</td><td></td><td>보조
인력</td><td></td></tr>
</table>

4-2. A-B-C 간편 행동관찰 기록지

학생이름		관찰일시	
관찰장소		관찰자	
표적행동			

시간	상황/장소	선행사건	행동	후속결과	후속결과에 대한 학생반응

4-3. A-B-C 요약문

간접적으로 영향을 주는 사건	선행사건 (문제행동 예측사건)	행동	행동을 유지시키는 후속결과	학생의 반응

4-4. 동기사정척도(Motivation Assessment Scale: MAS)

학생명		관찰일시	
관찰장소		관찰자	
표적행동			

〈지시문〉
동기사정척도는 학생의 특정 행동이 어떤 상황에서 발생할 가능성이 큰지 알아보기 위한 질문지입니다. 이러한 정보를 토대로, 어떤 강화인과 중재 기법이 적절한지 보다 정확하게 결정할 수 있습니다. 먼저 걱정되는 표적행동을 선택하십시오. 이 행동을 아주 구체적으로 기술하는 것이 중요합니다. 예를 들어, '공격적인'이라고 표현하기보다는 '친구를 때리다'로 기술하는 것이 좋습니다. 평가할 행동을 기술하셨으면 주의 깊게 각 문항을 읽고 관찰해 온 그 행동을 가장 잘 묘사하고 있는 번호에 ○ 표시하십시오.

문항: 감각: 1, 5, 9, 13/회피: 2, 6, 10, 14/관심: 3, 7, 11, 15/선호물건 · 활동: 4, 8, 12, 16								
구분	감각		회피		관심		선호물건 · 활동	
	1		2		3		4	
	5		6		7		8	
	9		10		11		12	
	13		14		15		16	
합계								
평균								
상대순위								

출처: Durand & Crimmins (1988), Durand & Crimmins (1992)의 *Motivation Assessment Scale*에서 번역하여 재구성함.

문항	전혀 그렇지 않음	거의 그렇지 않음	보통 그렇지 않음	중간 정도 그러함	대개 그러함	거의 항상 그러함	항상 그러함
1. 위의 표적행동은 학생이 오랜 시간 혼자 있을 때 계속적으로 반복해서 일어납니까?	0	1	2	3	4	5	6
2. 위의 표적행동은 어려운 과제를 수행하기를 요구한 후 일어납니까?	0	1	2	3	4	5	6
3. 위의 표적행동은 다른 사람들과 이야기하고 있을 때 일어납니까?	0	1	2	3	4	5	6
4. 위의 표적행동은 전에 학생이 가질 수(먹을 수/할 수) 없다고 들은 적이 있는 장난감(음식/활동)을 갖기 위해 일어납니까?	0	1	2	3	4	5	6
5. 위의 표적행동은 주위에 아무도 없으면 아주 오랜 시간 동안 반복적으로 일어납니까?(예: 1시간 이상 동안 상체를 앞뒤로 흔듦)	0	1	2	3	4	5	6
6. 위의 표적행동은 학생에게 어떤 요구를 할 때 일어납니까?	0	1	2	3	4	5	6
7. 위의 표적행동은 학생에게 관심을 주지 않을 때마다 일어납니까?	0	1	2	3	4	5	6
8. 위의 표적행동은 학생이 좋아하는 장난감이나, 음식 혹은 활동을 철회할 때마다 일어납니까?	0	1	2	3	4	5	6
9. 학생은 맛보거나, 바라보거나, 냄새 맡거나, 듣는 것을 좋아합니까?	0	1	2	3	4	5	6
10. 어떤 것을 요구할 때, 학생은 상대방을 당황스럽게 하는 행동을 합니까?	0	1	2	3	4	5	6
11. 관심을 주지 않을 때, 학생은 상대방을 당황스럽게 하는 행동을 합니까?	0	1	2	3	4	5	6
12. 위의 표적행동은 학생이 요구한 장난감이나 음식이나 혹은 활동을 제공한 후 곧 중지됩니까?	0	1	2	3	4	5	6
13. 위의 표적행동이 발생할 때, 학생은 주위에서 일어나는 일을 의식하지 못합니까?	0	1	2	3	4	5	6
14. 위의 표적행동은 학생의 요구를 들어준 후 곧(1~5분 내) 중지됩니까?	0	1	2	3	4	5	6
15. 위의 표적행동은 상대방과 함께 시간을 보내기 위하여 발생합니까?	0	1	2	3	4	5	6
16. 위의 표적행동은 학생이 원하는 일을 할 수 없다는 말을 들었을 때 일어납니까?	0	1	2	3	4	5	6

4-5. 행동기능설문지(Question About Behavioral Function: QABF)

학생명			
작성자		날짜	
표적행동			

제시되는 각 상황에 평가 대상자가 얼마나 행동을 보이는지에 대한 점수를 선택하시오.
어떠한 대답이 적절할지에 대한 대답이 아니라 목표행동이 얼마나 자주 일어나는지에 대한 점수를 적어야 한다.

×(해당 없음)	○(전혀 아님)	1(가끔씩 발생)	2(종종 발생)	3(자주 발생)

행동기능평가 문항					
1. 학생은 관심을 끌기 위해 행동을 한다.					
2. 학생은 일하는 상황이나 학습상황에서 벗어나기 위해 행동을 한다.					
3. 학생은 '자기자극'의 형태로 행동을 한다.					
4. 학생은 아픔을 느낄 때 행동을 한다.					
5. 학생은 좋아하는 장난감, 음식, 음료수와 같이 어떤 물건을 가지기 위해서 행동을 한다.					
6. 학생은 꾸중 듣기를 즐겨하기 때문에 행동을 한다.					
7. 학생은 옷 입기, 이 닦기, 일하기 등 어떤 과제를 수행하라고 했을 때 행동을 한다.					
8. 학생은 방 안에 아무도 없어도 혼자서 행동을 한다.					
9. 학생은 아플 때 더 많이 행동을 한다.					
10. 학생으로부터 어떤 물건을 제거하면 행동을 한다.					
11. 학생 자신에게 관심을 끌기 위해 행동을 한다.					
12. 학생은 특정 과제를 수행하기 싫어서 행동을 한다.					
13. 학생은 아무것도 할 것이 없을 때 행동을 한다.					
14. 학생 자신에게 무엇인가 물리적/신체적으로 귀찮게 할 때 행동을 한다.					
15. 학생은 원하는 물건을 당신이 가지고 있을 때 행동을 한다.					
16. 학생은 당신의 반응을 보고 싶어서 행동을 한다.					
17. 학생은 다른 사람들로부터 혼자 있고 싶어서 행동을 한다.					
18. 학생은 주변의 상황을 무시하며 심하게 반복행동을 한다.					

19. 학생은 신체적으로 불편할 때 행동을 한다.					
20. 학생은 원하는 물건을 또래가 가지고 있을 때 행동을 한다.					
21. 학생의 행동은 "여기 와서 나를 봐." "나를 바라봐."라고 이야기하는 것 같다.					
22. 학생의 행동은 "혼자 내버려 둬." "무엇을 하라고 하지 마."라고 이야기하는 것 같다.					
23. 학생이 혼자 있어도 그 행동을 즐기는 것 같다.					
24. 학생의 행동은 아프다는 것을 말하는 것 같다.					
25. 학생의 행동은 장난감, 음식, 특정 물건을 달라고 하는 것 같다.					
심각도					

Timothy R. Vollmer & Johnny L. Matson **QABF** Questions About Behavior Function	평정자		날짜	
	ID 번호		학생 이름	
	나이		성별	

관심습득 기능	관심습득 기능/심각도	회피 기능	회피 기능/심각도	비사회적 기능	비사회적 기능/심각도	신체적 기능	신체적 기능/심각도	강화물습득 기능	강화물습득 기능/심각도
5	15	5	15	5	15	5	15	5	15
	14		14		14		14		14
	13		13		13		13		13
4	12	4	12	4	12	4	12	4	12
	11		11		11		11		11
	10		10		10		10		10
3	9	3	9	3	9	3	9	3	9
	8		8		8		8		8
	7		7		7		7		7
2	6	2	6	2	6	2	6	2	6
	5		5		5		5		5
	4		4		4		4		4
1	3	1	3	1	3	1	3	1	3
	2		2		2		2		2
	1		1		1		1		1
0	0	0	0	0	0	0	0	0	0
_ 1. 관심 _ 6. 꾸중 _ 11. 관심 끌기 _ 16. 반응 끌기 _ 21. "여기 와."	_ 1. 관심 _ 6. 꾸중 _ 11. 관심 끌기 _ 16. 반응 끌기 _ 21. "여기 와."	_ 2. 회피 _ 7. 일을 시킴 _ 12. 일을 싫어함 _ 17. 혼자 _ 22. "혼자 내버려 둬."	_ 2. 회피 _ 7. 일을 시킴 _ 12. 일을 싫어함 _ 17. 혼자 _ 22. "혼자 내버려 둬."	_ 3. 자기자극 _ 8. 혼자 행동 _ 13. 할 일 없을 때 _ 18. 반복행동 _ 23. 혼자서 즐김	_ 3. 자기자극 _ 8. 혼자 행동 _ 13. 할 일 없을 때 _ 18. 반복행동 _ 23. 혼자서 즐김	_ 4. 고통 _ 9. 아픔 _ 14. 신체적 문제 _ 19. 불편함 _ 24. 아파서 불편	_ 4. 고통 _ 9. 아픔 _ 14. 신체적 문제 _ 19. 불편함 _ 24. 아파서 불편	_ 5. 물건 습득 _ 10. 물건을 치울 때 _ 15. 당신이 물건을 지님 _ 20. 또래가 물건을 지님 _ 25. "그거 주세요."	_ 5. 물건 습득 _ 10. 물건을 치울 때 _ 15. 당신이 물건을 지님 _ 20. 또래가 물건을 지님 _ 25. "그거 주세요."

4-6. 기능평가 인터뷰 양식(Functional Assessment Interview: FAI)

학생명(나이)	(만 세)		
면접자 이름		면접날짜	
보고자 이름 (학생과의 관계)			

1. 현재 나타나는 표적행동을 기술하십시오.

(1) 1–3의 학생의 도전적 행동 관련 정보에 적힌 현재 나타나는 행동별로 빈도, 지속시간, 강도를 기록해 주십시오.

	행동	형태	빈도	지속시간	강도
1					
2					
3					

(2) 위에 기술한 행동들 가운데 함께 발생하는 행동들이 있으면 기록해 주십시오. 동시에 일어납니까? 순서대로(연쇄적으로) 일어납니까? 유사한 상황에 대한 반응으로 일어납니까?

2. 행동을 발생시키거나 예측 가능하게 하는 환경적 사건을 기록해 주십시오.

(1–1) 약 복용 시 최근 약물을 변경한 경우가 있습니까?

(1–2) 있다면, 어떤 이유로 약물을 변경하였습니까?(해당 사항 없을 시 없음으로 기재 요망)

(2) 학생의 행동에 영향을 주는 것으로 생각되는 의학적 문제나 신체적 문제가 있다면 기록해 주십시오(천식, 알레르기, 발진, 발작, 생리와 관련된 문제).

(3) 학생의 수면 패턴과 이것이 학생의 행동에 영향을 주는 정도를 기록해 주십시오.

(4) 학생의 식습관 및 식이요법과 이것이 학생의 행동에 영향을 주는 정도를 기록해 주십시오.

3. 학생이 할 수 있는 행동 중에 문제행동과 기능적으로 같은 대체행동이 있습니까?

(1) 대상자가 이미 수행할 수 있는 사회적으로 적절한 행동이나 기술 중에 문제행동을 했을 때와 동일한 결과나 보상을 받을 수 있게 해 주는 것이 있습니까?

4. 학생이 타인과 의사소통하는 주된 방식은 무엇입니까?

(1) 학생이 사용하거나 사용할 수 있는 일반적인 표현 의사소통 전략은 무엇입니까? 음성을 사용한 말, 수화/제스처, 의사소통판/책, 전자장치가 포함될 수 있습니다. 이 전략들이 어느 정도로 일관되게 사용됩니까?

(2) 다음 표에서 의사소통적 목적을 성취하기 위한 행동을 찾아보십시오.

의사소통적 기능	복잡한 말(문장)	다단어 구	한 단어 발화	반향어	기타 발성	복잡한 수어	단순한 수어	손가락으로 가리키기	손 끌고 가기	고개 가로젓기	손으로 쥐기(손 뻗기)	사물 주기	움직임 증가	상대방에게 가까이 다가가기	상대방에게서 벗어나기(떠나기)	시선 고정	얼굴 표정	공격성	자기 상해	기타
관심 요청																				
도움 요청																				
좋아하는 음식, 사물, 활동 요청																				
휴식 요청																				
물건이나 장소 상대방에게 보여 주기																				
신체적 고통 표현하기(두통, 병)																				
혼란이나 불행감 표현하기																				
상황이나 활동에 저항 및 거절																				

5. 학생이 함께 활동하고 지원해 줄 때 반드시 해야 하는 일과 피해야 하는 일은 무엇입니까?

(1) 학생이 함께하는 교수 시간이나 활동이 원활히 진행되기 위해서 개선이 필요한 것들은 무엇입니까?

(2) 학생이 함께하는 교수시간이나 활동을 방해받지 않으려면 피해야 할 것들은 무엇입니까?

출처: O'Neill, R. E., Albin, R. W., Storey, K., Horner, R. H., & Sprague, J. R. (2015)의 *Functional Assessment Interview Form(FAI)*에서 발췌 후 번역하여 재구성하였으며, 일반적으로 학생의 기능평가를 위하여 필요한 많은 내용이 포함되어 있으므로 필요한 부분만 추려서 사용할 수 있음.

4-7. 감각프로파일(축약본)

학생명		생년월일		검사날짜	
작성자		학생과의 관계		검사자	

• 척도 설명
–항상: 기회가 주어졌을 때 학생이 항상 이런 행동을 보인다. (100%)
–자주: 기회가 주어졌을 때 학생이 자주 이런 행동을 보인다. (75%)
–종종: 기회가 주어졌을 때 학생이 종종 이런 행동을 보인다. (50%)
–가끔: 기회가 주어졌을 때 학생이 가끔 이런 행동을 보인다. (25%)
–전혀: 기회가 주어졌을 때 학생이 전혀 이런 행동을 안 보인다. (0%)

촉각 민감성	항상	자주	종종	가끔	전혀
1. 몸단장을 하는 동안 괴로워한다(예: 머리 깎기, 세수하기, 손톱 깎기 등의 몸단장을 하는 동안 떼를 부리거나 운다).	1	2	3	4	5
2. 더울 때 긴 옷을 또는 추울 때 짧은 옷 입기를 더 좋아한다.	1	2	3	4	5
3. 맨발로 걸어 다니기를 피한다(특히 모래나 풀밭에서 맨발로 걸어 다니는 것을 싫어한다).	1	2	3	4	5
4. 몸에 다른 사람이나 사물이 닿는 것에 대해 짜증을 내거나 화를 낸다.	1	2	3	4	5
5. 물이 튀면 움츠리며 피한다.	1	2	3	4	5
6. 다른 사람과 가까이 서 있거나 줄 서기를 어려워한다.	1	2	3	4	5
7. 사람이나 물건이 닿은 부위를 문지르거나 긁는다.	1	2	3	4	5
맛/냄새 민감성	**항상**	**자주**	**종종**	**가끔**	**전혀**
8. 일상적으로 먹는 음식에서 어떤 맛이나 냄새를 피한다.	1	2	3	4	5
9. 어떤 맛의 음식만을 먹으려 한다.	1	2	3	4	5
10. 특정한 질감이나 온도의 음식을 먹지 않으려고 한다(예: 딱딱함, 부드러움, 물렁물렁함 등의 질감이나 뜨겁거나 찬 음식을 먹지 않으려 한다).	1	2	3	4	5
11. 식성이 까다롭다. 특히 음식의 질감에 민감하다.	1	2	3	4	5
움직임 민감성	**항상**	**자주**	**종종**	**가끔**	**전혀**
12. 두 발이 땅에서 떨어지면 불안해하거나 무서워한다(예: 안아 올릴 때 무서워한다).	1	2	3	4	5
13. 높은 곳에서 뛰어내리기를 두려워한다.	1	2	3	4	5

14. 머리가 아래로 향하는 활동을 싫어한다(예: 재주넘기, 거꾸로 들어 주기).	1	2	3	4	5
과소반응/특정 자극 추구	**항상**	**자주**	**종종**	**가끔**	**전혀**
15. 이상한 소리를 즐긴다/소리를 만들어 내는 것을 즐긴다.	1	2	3	4	5
16. 계속 움직여서 일상생활이 방해받는다(예: 자리에 앉아 있지 못하고 안절부절못한다).	1	2	3	4	5
17. 움직이는 활동을 하는 동안 과도하게 흥분한다.	1	2	3	4	5
18. 사람과 사물을 만지는 행동을 한다.	1	2	3	4	5
19. 얼굴이나 손에 무엇인가 묻었을 때 알아채지 못하는 것처럼 보인다.	1	2	3	4	5
20. 놀이 활동에 방해가 될 만큼 한 가지 활동을 오래 하지 못하고 이것저것 한다.	1	2	3	4	5
21. 입은 옷이 꼬여 있어도 가만히 둔다.	1	2	3	4	5
청각여과	**항상**	**자주**	**종종**	**가끔**	**전혀**
22. 주변이 시끄러우면 활동하는 데 문제가 있거나 산만해진다.	1	2	3	4	5
23. 말하는 것을 듣지 않는 것처럼 보인다(예: 당신의 말에 반응을 보이지 않거나 무시하는 것처럼 보인다).	1	2	3	4	5
24. 주변에서 나는 소리 때문에 놀이나 학습을 할 수 없다(예: 환풍기 돌아가는 소리, 냉장고 소리).	1	2	3	4	5
25. 라디오가 켜져 있으면 과제를 완성하기 어렵다(예: 주변에서 소리가 나면 하던 것을 완성하기 어렵다).	1	2	3	4	5
26. 청력은 문제가 없는데 이름을 부르면 반응하지 않는다.	1	2	3	4	5
27. 집중하는 데 어려움이 있다.	1	2	3	4	5
활력 부족 및 허약	**항상**	**자주**	**종종**	**가끔**	**전혀**
28. 근력이 약해 보인다.	1	2	3	4	5
29. 쉽게 피곤해 보인다. 특히 서 있거나 특정한 자세를 유지할 때 피곤해한다.	1	2	3	4	5
30. 잡는 힘이 약하다.	1	2	3	4	5
31. 무거운 물건을 들지 못한다(예: 또래 학생과 비교해서 약하다).	1	2	3	4	5
32. (활동하는 동안에도) 몸을 지탱하려고 기대어 있는다.	1	2	3	4	5
33. 무엇을 할 때 쉽게 지친다/끈기가 없다.	1	2	3	4	5

시각/청각 민감성	항상	자주	종종	가끔	전혀
34. 예상치 못한 소리나 큰 소리에 부적절하게 반응한다(예: 청소기 소리, 개 짖는 소리, 헤어드라이어 소리가 나면 숨거나 운다).	1	2	3	4	5
35. 특정한 소리가 나면 손으로 귀를 막는다.	1	2	3	4	5
36. 다른 사람은 적응할 수 있는 밝은 빛을 견디기 힘들어한다.	1	2	3	4	5
37. 방에서 사람이 움직이는 것을 주시한다.	1	2	3	4	5
38. 빛으로부터 눈을 가리거나 감는다.	1	2	3	4	5

결과 요약

구분	점수/총합	정상범위	문제 가능성	확연한 문제
촉각 민감성	/35	35——30	29——27	26——7
맛/냄새 민감성	/20	20——15	14——12	11——4
움직임 민감성	/15	15——13	12——11	10——3
과소반응/특정 자극 추구	/35	35——27	26——24	23——7
청각여과	/30	30——23	22——20	19——6
활력 부족 및 허약	/30	30——26	25——24	23——6
시각/청각 민감성	/25	25——19	18——16	15——5
합계	/190	190——155	154——142	141——38

출처: McIntosh, D. N., Miller, L. J., & Shyu, V. (1999). Development and validation of the Short Sensory Profile. In W. Dunn (Ed.), *Sensory profile: User's manual* (pp. 59–73). Psychological Corporation. 해당 문헌을 번역하여 수정함.

4-8. 학생을 위한 강화제 평가지

학생명		생년월일	
기록자		조사일	

다음의 척도를 사용하여 학생이 좋아하는 항목/활동에 체크하세요.

1	2	3	4	5	N
전혀 좋아하지 않음	좋아할 때가 가끔 있음	조금 좋아함	많이 좋아함	대단히 좋아함	알 수 없음 또는 경험 없음

조립하는 물건						
도미노	1	2	3	4	5	N
집 쌓기	1	2	3	4	5	N
마인크래프트	1	2	3	4	5	N
전자조립	1	2	3	4	5	N
레고	1	2	3	4	5	N
비즈(구슬 꿰기)	1	2	3	4	5	N
퍼즐	1	2	3	4	5	N
기타:	1	2	3	4	5	N

비주얼 아이템						
야광팽이	1	2	3	4	5	N
반짝이	1	2	3	4	5	N
만화경	1	2	3	4	5	N
선풍기	1	2	3	4	5	N
야광봉	1	2	3	4	5	N
거울	1	2	3	4	5	N
후레쉬	1	2	3	4	5	N
기타:	1	2	3	4	5	N

좋아하는 감촉						
옷감, 천	1	2	3	4	5	N
차가운 물건	1	2	3	4	5	N
따뜻한 물건	1	2	3	4	5	N
물	1	2	3	4	5	N
로션	1	2	3	4	5	N
딱딱한 물건	1	2	3	4	5	N
부드러운 물건	1	2	3	4	5	N
꺼칠꺼칠한 물건	1	2	3	4	5	N
좁은 공간	1	2	3	4	5	N
기타:	1	2	3	4	5	N

소리 나는 물건						
CD/MP3플레이어	1	2	3	4	5	N
헤드폰	1	2	3	4	5	N
악기	1	2	3	4	5	N
좋아하는 장르:	1	2	3	4	5	N
기타:	1	2	3	4	5	N

읽을거리						
잡지	1	2	3	4	5	N
전단지	1	2	3	4	5	N
신문	1	2	3	4	5	N
책	1	2	3	4	5	N
기타:	1	2	3	4	5	N

쓰기/그리기 도구						
연필	1	2	3	4	5	N
종이	1	2	3	4	5	N
칠판	1	2	3	4	5	N
화이트보드	1	2	3	4	5	N
크레파스	1	2	3	4	5	N
사인펜	1	2	3	4	5	N
색연필	1	2	3	4	5	N
기타:	1	2	3	4	5	N

신체활동						
빙빙 돌기	1	2	3	4	5	N
그네 타기	1	2	3	4	5	N
점프하기	1	2	3	4	5	N
달리기	1	2	3	4	5	N
자전거 타기	1	2	3	4	5	N
차타기	1	2	3	4	5	N
산책하기	1	2	3	4	5	N
스트레칭	1	2	3	4	5	N
기타:	1	2	3	4	5	N

다음의 척도를 사용하여 학생이 좋아하는 항목/활동에 체크하세요.

1	2	3	4	5	N
전혀 좋아하지 않음	좋아할 때가 가끔 있음	조금 좋아함	많이 좋아함	대단히 좋아함	알 수 없음 또는 경험 없음

항상 만지는 것						
거친 감촉	1	2	3	4	5	N
푹신푹신함	1	2	3	4	5	N
마사지	1	2	3	4	5	N
진동	1	2	3	4	5	N
말랑말랑한	1	2	3	4	5	N
부드러운	1	2	3	4	5	N
수집할 수 있는	1	2	3	4	5	N
여러 가지 물건	1	2	3	4	5	N
기타:	1	2	3	4	5	N

좋아하는 음식						
짠맛	1	2	3	4	5	N
신맛	1	2	3	4	5	N
단맛	1	2	3	4	5	N
씹히는 맛	1	2	3	4	5	N
부드러운 맛	1	2	3	4	5	N
죽처럼 묽은	1	2	3	4	5	N
뜨거운	1	2	3	4	5	N
시원한	1	2	3	4	5	N
기타:	1	2	3	4	5	N

전자제품						
비디오/유튜브	1	2	3	4	5	N
TV	1	2	3	4	5	N
게임	1	2	3	4	5	N
컴퓨터	1	2	3	4	5	N
인터넷 검색	1	2	3	4	5	N
기타:	1	2	3	4	5	N

기타						
심부름하기	1	2	3	4	5	N
휴식하기	1	2	3	4	5	N
친구들과 함께하기	1	2	3	4	5	N
기타:	1	2	3	4	5	N

좋아하는 활동(해당되는 것에 모두 체크하세요)				
심부름하기	자르기	계산하기	읽기	요리하기
분류(정리하기)	전화하기	만들기	쓰기	집짓기
줄 맞추기	조각내기	음식 서빙	돌보기	자료입력
기타:				

출처: 국립특수교육원(2020). 발달장애인의 도전적 행동중재 매뉴얼.

4-9. 중증장애학생을 위한 강화제 평가지
(Reinforcer Assessment for Individuals with Severe Disabilities)

본 평가는 교사와 부모, 또는 보호자로부터 학생이 좋아하는 자극과 강화제에 대한 정보를 수집하고자 구성되었습니다. 질문을 잘 읽어 보시고 학생이 선호하는 자극이나 강화제에 대하여 구체적인 내용을 적어 주시면 학생의 교육에 큰 도움이 됩니다.
1. 사람들 중에는 거울, 불빛, 반짝거리는 물건, 빙글빙글 돌아가는 물건, TV 등을 쳐다보기를 좋아하는 경우가 있습니다. 학생은 무엇을 보는 것을 가장 좋아하는 것 같나요?
더 구체적인 정보를 위한 추가 질문과 대답
2. 어떤 사람들은 음악, 자동차 소리, 휘파람 소리, 삑삑거리는 소리, 사이렌 소리, 손뼉 치는 소리, 노랫소리 등과 같이 다양한 소리를 좋아합니다. 학생은 어떤 소리를 가장 좋아하는 것 같나요?
더 구체적인 정보를 위한 추가 질문과 대답
3. 사람들은 꽃향기, 커피, 화장품 냄새와 같은 다양한 냄새를 맡는 것을 좋아하기도 합니다. 학생은 어떤 냄새를 가장 좋아하는 것 같나요?
더 구체적인 정보를 위한 추가 질문과 대답
4. 사람들 중에는 아이스크림, 피자, 주스, 햄버거, 사탕, 초콜릿 등 특정 음식류를 좋아하는 경우가 있습니다. 학생이 특별하게 가장 좋아하는 음식은 무엇이 있나요?
더 구체적인 정보를 위한 추가 질문과 대답
5. 사람들은 간지럼, 레슬링, 뛰기, 춤추기, 그네타기 등과 같은 신체 놀이를 좋아합니다. 학생은 어떤 신체 놀이를 가장 좋아하는 것 같나요?
더 구체적인 정보를 위한 추가 질문과 대답

6. 사람들 중에는 눈이나 얼음, 손난로와 같이 뜨겁거나 차가운 다양한 온도의 물건 만지기를 좋아하는 경우가 있습니다. 학생은 어떤 온도의 물건 만지기를 가장 좋아하는 것 같나요?
더 구체적인 정보를 위한 추가 질문과 대답
7. 사람들은 세면대에서 물을 뿌리거나, 피부에 진동, 선풍기 바람을 얼굴로 느끼는 등 다양한 감각을 즐기는 경우가 많습니다. 학생은 어떤 감각활동을 가장 좋아하는 것 같나요?
더 구체적인 정보를 위한 추가 질문과 대답
8. 사람들은 안아 주기, 등 토닥토닥하기, 하이파이브, "잘했어!"라고 말해 주기 등처럼 다른 사람들의 관심을 좋아하기도 합니다. 학생은 어떤 형태로 주어지는 관심을 가장 좋아하는 것 같나요?
더 구체적인 정보를 위한 추가 질문과 대답
9. 사람들은 퍼즐, 장난감, 만화책, 풍선 등과 같이 장난감이나 물건을 좋아하는 경우가 있습니다. 학생이 특별히 좋아하는 장난감이나 물건이 있으면 적어 주세요.
더 구체적인 정보를 위한 추가 질문과 대답
10. 학생이 좋아하는 기타 물건이나 활동에는 무엇이 있는지 좀 더 깊이 생각해 보고, 생각나는 것이 있으면 적어 주세요.
더 구체적인 정보를 위한 추가 질문과 대답
설문 작성이 끝나면, 목표행동 발생 시 제시할 수 있는 자극, 제거할 수 없는 자극을 모두 선택하고(예: 장난감은 제시하거나 제거할 수 있습니다. 산책하는 활동은 제시하거나 제거할 수 없습니다), 선택된 자극별로 구체적인 정보를 카드에 적어서 설문 응답 학생에게 제시하여 좋아하는 순서대로 나열해 달라고 한 후에 그 자극 선호도 순서를 다음 표에 기록합니다.

1.	9.
2.	10.
3.	11.
4.	12.
5.	13.
6.	14.
7.	15.
8.	16.

위에 목록화된 것들 중 학생에게 사용하지 않았으면 하는 것이 있나요?

위에 목록화된 것들 중 학생에게 제한 없이 사용해도 되는 것은 어떤 것들이 있나요?

출처: 국립특수교육원(2020). 발달장애인의 도전적 행동중재 매뉴얼.

⑤

기능분석

5-1. 기능분석지

※ 지침: 수업 중에 각 조건을 3~5분 정도 나누어 실시하셔도 됩니다. 기능분석은 한 번만 합니다. 다음의 예시와 같이 가설을 설정하고 A조건과 B조건을 나누어 반복(A조건-B조건-A조건-B조건)하여 실시하세요. 측정단위는 횟수, 시간, 발생률 등 해당 목표행동에 맞게 수정하세요.

학생명(나이)	(　세)	조사일	
기록자			
표적행동			

[배경사건 또는 선행사건] 상황에서 **[학생]**은 **[추정된 기능]**을 위해 **[표적행동]**을 한다.

예) 어머니께 야단을 맞고 등교한 날, 지각하여 선생님의 지시를 들으면
[배경사건] [선행사건]

유진이는 지시 수행을 피하기 위해 자신의 머리를 때린다.
[학생] [추정된 기능] [표적행동]

가설:

A조건(추정기능 확립):

B조건(추정기능 철회):

조건	A	B	A	B
날짜 및 시간				
측정단위 (빈도, 지속시간)				

5-2. 경쟁행동 모델 수립

작성일자	
작성자	

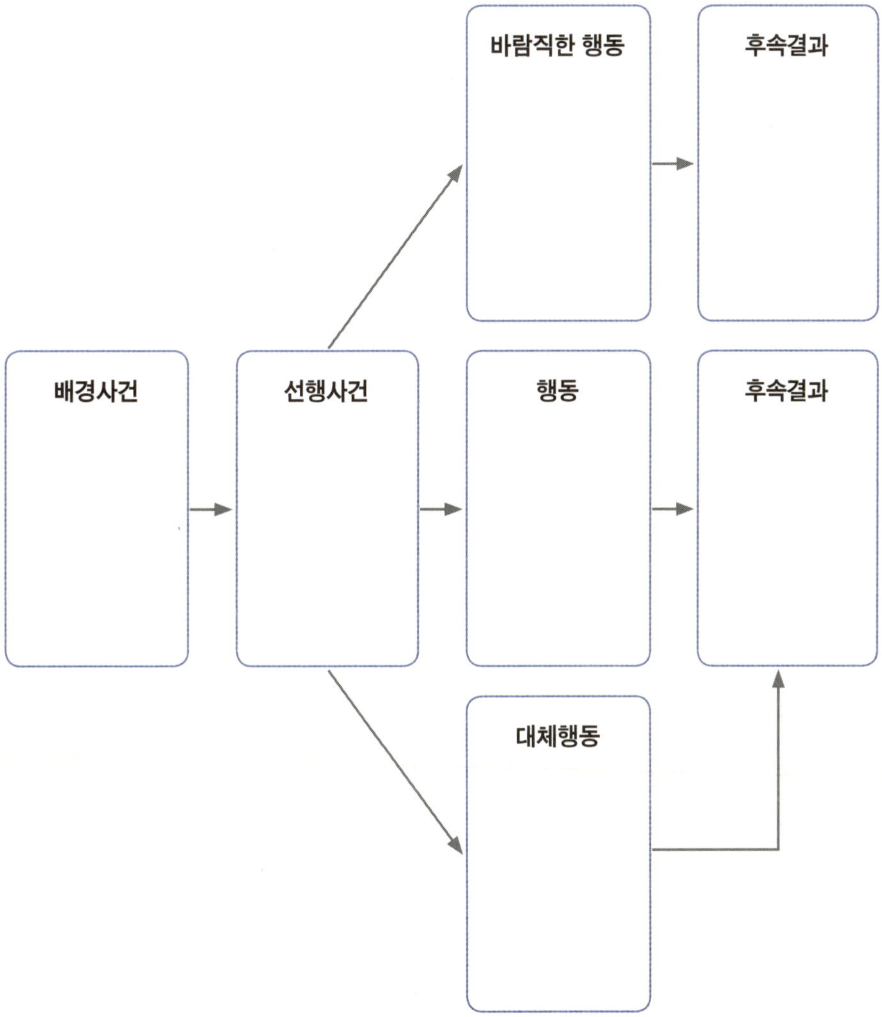

⑥

중재

6-1. 중재 계획 전략 시트

학생명		실시기간		작성일자		작성자	
표적행동				기능			
목표행동							

A: 선행사건 (행동 전에 일어난 일) 언제, 어디서, 누구와, 무엇할 때?	➡	B: 행동 구체적, 객관적으로 기록 (주관적/감정적/ 추측성 기록 금지)	➡	C: 결과 (행동의 결과) • 선호물 획득 • 관심 • 회피 • 자동강화 • 기타

사전 대응책 • 도전적 행동이 일어나지 않게 하기 • 바람직한 행동하기	➡	바람직한 행동 • 의사소통 기술 • 지시 따르기 기술 • 여가 활동 기술 • 기타	➡	강화 방법 • 칭찬 • 보상 • 좋아하는 활동 • 토큰경제 • 행동계약서 • 기타
	➡	그래도 도전적 행동을 하면	➡	도전적 행동 대응법 • 과제를 성공하도록 도움 • 침착해지도록 도움 • 기타

출처: 이노우에 마사히코(2020). 금지하지 않고 행동 수정하는 ABA 육아법: 문제행동편. 민정윤 역. 마음책방. 해당 문헌을 수정하여 사용함.

6-2. 중재 계획서

<table>
<tr><td>학생명</td><td></td><td>실시기간</td><td></td><td>작성일자</td><td></td><td>작성자</td><td></td></tr>
<tr><td>표적행동</td><td colspan="4"></td><td>기능</td><td colspan="2"></td></tr>
<tr><td>목표행동</td><td colspan="7"></td></tr>
</table>

예방전략 중재	대체행동 중재	후속사건 중재

6-3. 중재 일지

중재 기간		중재 회기		학생명	
				중재자	
중재 계획					

실천한 중재 내용 (중재했던 내용을 기재해 주세요.)		중재와 관련된 학생의 변화
예방전략 중재		
대체행동 중재		
후속결과 중재		

중재 결과			
표적행동:			
구분	빈도(회)	지속시간(초, 분, 시간)	
총계			
평균			
범위			
비율		산출근거	
중재 종합평가 및 특이사항			
다음 회기 계획			

6-4. 중재 충실도

학생명		중재 실행일	
작성자		점검표 작성일	

0: 전혀 그렇지 않다/1: 그렇지 않다/2: 조금 그렇다/3: 그렇다/4: 매우 그렇다

개별지원 교사용 점검표

항목	문항	평정척도(점수)					합계
		0	1	2	3	4	
배경사건 및 선행사건 중재							
1							
2							
3							
4							
행동중재 교수							
1							
2							
3							
4							
5							
후속결과 중재							
1							
2							
3							
비고							
합계							

⑦

종결 보고

7-1. 긍정적 행동지원 계획 및 종결 보고서

1. 대상자 기초정보 요약

학교명		담당 교사	
학생명/성별		장애 유형/연령	
정신의학적 약물치료		장애 정도 및 특징	경함 □ 심함 □
현행수준			

2. 표적행동 및 목표행동

표적행동	
목표행동	

	중재기간	행동
표적행동		
	중재기간	행동
목표행동		

3. 기능평가

3-1) A-B-C 관찰 기록 요약문

선행사건(Antecedent: A)	도전적 행동(Behavior: B)	결과(Consequence: C)

3-2) 척도를 이용한 기능평가

(1) 동기사정척도(MAS) 결과

구분	감각 추구	회피	관심 끌기	획득
합계				
평균				

(2) QABF 결과

구분	관심 습득 기능	관심 습득 기능/ 심각도	회피 기능	회피 기능/ 심각도	비사 회적 기능	비사 회적 기능/ 심각도	신체적 기능	신체적 기능/ 심각도	강화물 습득 기능	강화물 습득 기능/ 심각도
합계										
평균										

3-3) 감각프로파일지 결과

구분	점수/총합	정상범위	문제 가능성	확연한 문제
촉각 민감성	/35	35———30	29———27	26———7
맛/냄새 민감성	/20	20———15	14———12	11———4
움직임 민감성	/15	15———13	12———11	10———3
과소반응/특정 자극 추구	/35	35———27	26———24	23———7
청각여과	/30	30———23	22———20	19———6
활력 부족 및 허약	/30	30———26	25———24	23———6
시각/청각 민감성	/25	25———19	18———16	15———5
합계	/190	190———155	154———142	141———38

4. 긍정적 지원 중재 전략

중재 실시기간			
총 회기 수		참여 교사 수	
중재 충실도(%)		사회적 타당도(%)	

배경사건 중재	선행사건 중재	대체행동 중재	후속결과 중재

5. 긍정적 지원 중재 결과(질적 및 양적 결과)

학생의 행동 변화(질적 부분)

학생의 행동변화(양적 부분: 사건기록법)

작성자: ______________

관찰하려고 하는 시간: 예) 오전 국어교과 수업 시간 10:00부터 10:40까지

구간															
회기	1	2	3	4	5	6	7	8	9	10	11	12	13	14	15
날짜															
행동 발생 (빈도)	20 19 18 17 16 15 14 13 12 11 10 9 8 7 6 5 4 3 2 1	20 19 18 17 16 15 14 13 12 11 10 9 8 7 6 5 4 3 2 1	20 19 18 17 16 15 14 13 12 11 10 9 8 7 6 5 4 3 2 1	20 19 18 17 16 15 14 13 12 11 10 9 8 7 6 5 4 3 2 1	20 19 18 17 16 15 14 13 12 11 10 9 8 7 6 5 4 3 2 1	20 19 18 17 16 15 14 13 12 11 10 9 8 7 6 5 4 3 2 1	20 19 18 17 16 15 14 13 12 11 10 9 8 7 6 5 4 3 2 1	20 19 18 17 16 15 14 13 12 11 10 9 8 7 6 5 4 3 2 1	20 19 18 17 16 15 14 13 12 11 10 9 8 7 6 5 4 3 2 1	20 19 18 17 16 15 14 13 12 11 10 9 8 7 6 5 4 3 2 1	20 19 18 17 16 15 14 13 12 11 10 9 8 7 6 5 4 3 2 1	20 19 18 17 16 15 14 13 12 11 10 9 8 7 6 5 4 3 2 1	20 19 18 17 16 15 14 13 12 11 10 9 8 7 6 5 4 3 2 1	20 19 18 17 16 15 14 13 12 11 10 9 8 7 6 5 4 3 2 1	20 19 18 17 16 15 14 13 12 11 10 9 8 7 6 5 4 3 2 1
평균 (범위)															
효과 크기 PND															

학생의 행동변화(양적 부분: 지속시간기록법)

학생명: ______________ 관찰자: ______________

구간																
회기	예	1	2	3	4	5	6	7	8	9	10	11	12	13	14	15
날짜																
행동 발생 (지속시간: 초 □, 분 □, 시 □)	95 90 85 80 75 70 65 60 55 50 45 40 35 30 25 20 15 10 5															
평균																
범위																
효과크기 PND																

학생의 행동변화(양적 부분: 동간격기록법)

학생명: ______________ 관찰자: ______________

행동관찰에 적용한 동간격기록법: □ 전체간격 □ 부분간격 간격시간 ____________

구간															
회기	1	2	3	4	5	6	7	8	9	10	11	12	13	14	15
날짜															
행동 발생 (비율 %)	100 95 90 85 80 75 70 65 60 55 50 45 40 35 30 25 20 15 10 5 0	100 95 90 85 80 75 70 65 60 55 50 45 40 35 30 25 20 15 10 5 0	100 95 90 85 80 75 70 65 60 55 50 45 40 35 30 25 20 15 10 5 0	100 95 90 85 80 75 70 65 60 55 50 45 40 35 30 25 20 15 10 5 0	100 95 90 85 80 75 70 65 60 55 50 45 40 35 30 25 20 15 10 5 0	100 95 90 85 80 75 70 65 60 55 50 45 40 35 30 25 20 15 10 5 0	100 95 90 85 80 75 70 65 60 55 50 45 40 35 30 25 20 15 10 5 0	100 95 90 85 80 75 70 65 60 55 50 45 40 35 30 25 20 15 10 5 0	100 95 90 85 80 75 70 65 60 55 50 45 40 35 30 25 20 15 10 5 0	100 95 90 85 80 75 70 65 60 55 50 45 40 35 30 25 20 15 10 5 0	100 95 90 85 80 75 70 65 60 55 50 45 40 35 30 25 20 15 10 5 0	100 95 90 85 80 75 70 65 60 55 50 45 40 35 30 25 20 15 10 5 0	100 95 90 85 80 75 70 65 60 55 50 45 40 35 30 25 20 15 10 5 0	100 95 90 85 80 75 70 65 60 55 50 45 40 35 30 25 20 15 10 5 0	100 95 90 85 80 75 70 65 60 55 50 45 40 35 30 25 20 15 10 5 0
평균 (범위)															
효과크기 PND															

학생의 행동변화(양적 부분: 비율환산측정표)

학생명: ____________ 관찰자: ____________

목표행동		관찰 기간	

구간															
회기	1	2	3	4	5	6	7	8	9	10	11	12	13	14	15
날짜															
행동 발생 (비율 %)	100 95 90 85 80 75 70 65 60 55 50 45 40 35 30 25 20 15 10 5 0	100 95 90 85 80 75 70 65 60 55 50 45 40 35 30 25 20 15 10 5 0	100 95 90 85 80 75 70 65 60 55 50 45 40 35 30 25 20 15 10 5 0	100 95 90 85 80 75 70 65 60 55 50 45 40 35 30 25 20 15 10 5 0	100 95 90 85 80 75 70 65 60 55 50 45 40 35 30 25 20 15 10 5 0	100 95 90 85 80 75 70 65 60 55 50 45 40 35 30 25 20 15 10 5 0	100 95 90 85 80 75 70 65 60 55 50 45 40 35 30 25 20 15 10 5 0	100 95 90 85 80 75 70 65 60 55 50 45 40 35 30 25 20 15 10 5 0	100 95 90 85 80 75 70 65 60 55 50 45 40 35 30 25 20 15 10 5 0	100 95 90 85 80 75 70 65 60 55 50 45 40 35 30 25 20 15 10 5 0	100 95 90 85 80 75 70 65 60 55 50 45 40 35 30 25 20 15 10 5 0	100 95 90 85 80 75 70 65 60 55 50 45 40 35 30 25 20 15 10 5 0	100 95 90 85 80 75 70 65 60 55 50 45 40 35 30 25 20 15 10 5 0	100 95 90 85 80 75 70 65 60 55 50 45 40 35 30 25 20 15 10 5 0	100 95 90 85 80 75 70 65 60 55 50 45 40 35 30 25 20 15 10 5 0
평균 (범위)															
효과크기 PND															

행동중재 지원 프로그램 종결 보고서

작성자		작성일자	
학생명/성별		학년 반	
정신의학적 약물치료		장애 유형 및 특성	
현행수준			
표적행동			
목표행동			

중재 전략		
선행사건 중재	대체행동 중재	후속결과 중재

컨설팅 횟수 (일자)	중재 관련 컨설팅 내용

학생의 행동 변화 내용(양적/질적 자료 포함)

저자 소개

신윤희(Shin, Yunhee)

대구대학교 일반대학원 특수교육학과 정서·행동장애교육전공 문학박사

현 대구대학교 특수교육·재활과학연구소 연구교수

대구사이버대학교 행동치료학과 외래교수

박경옥(Park, Kyoung Ock)

단국대학교 대학원 특수교육과 지체·중복장애전공 교육학박사

현 대구대학교 초등특수교육과 교수

대구대학교 특수교육·재활과학연구소 소장

이유정(Lee Yujeong)

공주대학교 대학원 특수교육학과 특수교육전공 교육학박사

현 국립특수교육원 교육연구사

즐거운 학교생활을 위한
개별 차원의 긍정적 행동지원
- 서식 가이드 -
Positive Behavior Support at the Individual Level(Tier 3) for Enjoyable School Life

2025년 6월 20일 1판 1쇄 인쇄
2025년 6월 30일 1판 1쇄 발행

지은이 • 신윤희 · 박경옥 · 이유정
펴낸이 • 김진환
펴낸곳 • (주) 학지사
04031 서울특별시 마포구 양화로 15길 20 마인드월드빌딩
대표전화 • 02)330-5114 팩스 • 02)324-2345
등록번호 • 제313-2006-000265호

홈페이지 • http://www.hakjisa.co.kr
인스타그램 • https://www.instagram.com/hakjisabook

ISBN 978-89-997-3454-0 93370

정가 20,000원